Ensinando a velejar

Ricardo de Mattos Fernandes

ENSINANDO A VELEJAR

**1ª Edição
POD**

Petrópolis
KBR
2013

Revisão de texto **Noga Sklar**
Editoração: **KBR**
Capa **KBR sobre ilustração de Benizete Ramos de Medeiros**
Imagens do miolo **Acervo do autor**

Copyright © 2013 *Ricardo de Mattos Fernandes*
Todos os direitos reservados ao autor.

ISBN: 978-85-8180-116-2

KBR Editora Digital Ltda.
www.kbrdigital.com.br
atendimento@kbrdigital.com.br
55|24|2222.3491

790 - Esportes

Ricardo de Mattos Fernandes é licenciado e Bacharel em Educação Física pela Universidade Veiga de Almeida, Mestre em Educação, organização e avaliação para o ensino pela Universidade Trás-os-Montes e Alto Douro, Portugal. Foi professor IA5 no Colégio Municipal Paulo Freire e na Escola Municipal Ciléia Maria Barreto e é professor da Universidade Veiga de Almeida nos cursos de Educação Física e Turismo. Velejador desde 1972, cursou a escola de Vela do Iate Clube do Rio de Janeiro e competiu principalmente na classe Hobie Cat. Foi fabricante de velas na Cognac Velas em Niterói. Atualmente, é proprietário da Yacht Escola de Vela em Manguinhos, Búzios, e gerente nacional de regatas da Confederação Brasileira de Vela — CBVela. É fundador e vice-presidente da Associação dos Profissionais de Educação Física de Búzios — APEF.

E-mail: ricardo.uva@gmail.com

Sumário

Agradecimentos • 9
Apresentação • 11
Prefácio • 13
Introdução • 15

Capítulo I — Conhecendo a Escola De Vela e o Iatismo • 21
1. A escola de Vela e seu ambiente de trabalho • 21
2. Breve histórico da origem da Vela • 24
3. Os Jogos Olímpicos • 31
4. Os campeões do iatismo e sua descendência estrangeira • 37

Capítulo II — O esporte a vela e seu ensino • 41
1. A transmissão do conhecimento do esporte a vela e sua s particularidades • 41
2. Aspectos do ensino e da aprendizagem do vento por crianças na faixa etária de sete a onze anos • 45
3. A educação e o esporte a Vela • 48
4. A educação física e o esporte educação • 55

Capítulo III — A Educação Física Escolar e o Desporto • 65
1. A metodologia da educação física escolar e seus esportes • 65
2. Avaliar: uma ação pedagógica fundamental • 69

CAPÍTULO IV — A PESQUISA • 73
1. METODOLOGIA DO ESPORTE A VELA E SUA EFICÁCIA NO ENSINO DO ELEMENTO VENTO PARA CRIANÇAS DE 7 A 11 ANOS • 73
2. METODOLOGIA DA PESQUISA DE MESTRADO • 75
3. CONCLUSÕES INICIAIS SOBRE AS METODOLOGIAS APLICADAS • 78
4. CONCLUSÕES SOBRE AS AVALIAÇÕES REALIZADAS • 80
5. CONCLUSÕES FINAIS DA PESQUISA • 83

CAPÍTULO V — A PROPOSTA DE METODOLOGIA DE ENSINO • 87
1. METODOLOGIA DE ENSINO DO ESPORTE A VELA • 87
2. PLANEJAMENTO DE CURSO E AULAS • 90
3. FORMAÇÃO DAS TURMAS DE ALUNOS • 91
4. TIPOS DE CURSOS E AULAS • 95
5. O CONHECIMENTO E RECONHECIMENTO DO VENTO • 97
6. AÇÃO DO VENTO NAS SUPERFÍCIES DA VELA • 100
7. FORMAS DE BARCOS, CASCOS E VELAS • 104
8. AS FORÇAS ATUANTES SOBRE O BARCO E O VELEJO EM ÂNGULOS • 111
9. SISTEMA DE ALAVANCAS ATUANTES NO BARCO • 114
10. MONTAGEM E NOMENCLATURA DO BARCO • 117
11. FATOR SEGURANÇA DO CURSO • 124
12. A AULA PRÁTICA DE VELEJADA • 132
13. APERFEIÇOAMENTO DA PRÁTICA DE VELEJAR • 141

CONSIDERAÇÕES FINAIS • 153
REFERENCIAS BIBLIOGRÁFICAS • 155

Agradecimentos

Agradeço em especial e de forma póstuma, ao amigo e incentivador do esporte a Vela, que se encontra junto a Deus. É com grande pesar que faço esta homenagem ao velejador Roger Wright. Amigo, que suas graças alcancem os céus e iluminem todo o nosso mundo. A você, Roger, o meu profundo agradecimento por tudo que fez pelo esporte e por este amigo e igualmente amante do esporte a Vela.

Aos grandes amigos de mestrado, que transformaram os dias de estudo, longe da família e dos amigos, em momentos divertidos e imensamente agradáveis, com grande aproveitamento acadêmico e lúdico.

Ao amigo Lars Grael, pelo apoio e incentivo que sempre me ofereceu durante nossa caminhada esportiva nos poucos, mas preciosos momentos em que estivemos juntos, desde o tempo da veleria Cognac.

Ao meu filho Mateus e minhas filhas Mariana e Luciana, por sempre estarem ao meu lado, mesmo quando não pude estar presente, por estar trabalhando.

Ao professor e amigo Alexandre Motta de Freitas, por sua sempre solícita orientação e incentivo; tenho muito de seu entusiasmo pela educação na minha vida profissional.

Ao professor José J. B. Vasconcelos Raposo que foi meu orientador e mentor durante o tempo de mestrado em Portugal e o primeiro que me incentivou a transformar meus conhecimentos e estudos científicos neste livro. É com muito carinho e estima que agradeço sua rigorosa orientação profissional.

Agradeço à artista plástica que gentilmente pintou o quadro que se transformou na capa deste livro, pessoa que me incentivou muito nesse caminhar. Obrigado, Benizete Ramos de Medeiros.

Por último, agradeço a todos que direta e indiretamente me auxiliaram durante esta caminhada. Sei que são inúmeros esses nomes, e, por isso, generalizo para alcançar a todos, que certamente estão no meu coração.

Apresentação

Conheci o Ricardo Fernandes em 2004, quando iniciou o curso de Graduação em Educação Física. Na época, já se destacava como uma pessoa crítica e competente. Aos poucos fui descobrindo um profissional sério e com um ideal: transformar o esporte a Vela em uma atividade acadêmica na Região dos Lagos. Ler significa ter acesso a algo, interpretar e compreender. Cada um lê com os olhos que tem. E interpreta a partir de onde os pés pisam (BOFF, 2005).

Pois tenho a certeza de que o ponto de vista do autor se torna peculiar, pois para compreender algo, é essencial conhecer o lugar social de quem olha. E este livro foi concebido de forma pessoal, a partir da visão dele, da sua própria necessidade de desenvolvimento de literatura desse esporte, bem como das próprias potencialidades de sua prática. Assim, a realidade desta obra representa uma contribuição ao desenvolvimento da Educação Física.

Talvez nem todos saibam que o Ricardo veleja desde os nove anos. Atua há quase trinta como pesquisador e competidor, e hoje é juiz de regatas locais, nacionais e internacionais, professor da Universidade Veiga de Almeida e gestor de diversos projetos sociais e pedagógicos vinculados aos esportes náuticos.

O esporte proporciona a integração entre os indivíduos, melhora a coesão e favorece a convivência entre grupos. É, acima de tudo, um fenômeno cultural, e como tal proveniente da cultura da própria região que a cria e recria. Portanto, é por meio da cultura que o esporte adquire significado. E o maior significado que o esporte pode ter, sob a minha ótica, é o de formar pessoas críticas e fisicamente ativas.

Como educador, entendo que o conhecimento pedagógico aqui apresentado servirá de ferramenta aos profissionais que já atuam e aos demais interessados na temática. Esperamos que, a partir desta agradável leitura, os conhecimentos técnicos e pedagógicos vinculados aos esportes náuticos, tão bem desenvolvidos aqui, nos inspirem a embarcar e velejar no mundo das letras. O setor náutico agradece esta obra.

Alexandre Motta
Coordenador do curso de Graduação em Educação Física da UVA

Prefácio

Em qualquer ramo do saber humano a atividade de sistematização do conhecimento para fins educacionais é sempre louvável. No caso específico da Vela, esta obra que está em suas mãos é muito mais que bem-vinda. Fruto da experiência, do trabalho e do entusiasmo do Professor Ricardo Fernandes, ela é pioneira em muitos sentidos.

Primeiro, porque acrescenta à parca bibliografia estritamente pedagógica da Vela um novo volume, atual e técnico. Depois, porque discute de forma acadêmica, e propõe de modo científico, uma metodologia básica para o ensino da Vela.

Um esporte, sem dúvida, mas também uma arte e uma ciência, a Vela nem sempre mereceu dos meios acadêmicos a devida atenção em termos da perpetuação dos conceitos e saberes envolvidos na atividade. E por isso mesmo, a sua disseminação e ensino sempre estiveram muito mais ligados ao saber empírico, à prática cotidiana e ao senso comum.

Ver pronto este livro do Professor Ricardo é um alento e uma alegria. Tenho certeza de que ele lhe será muito útil, e que esta pequena porção do conhecimento humano, que encanta e seduz tantas pessoas, por todo o mundo, ao longo dos séculos, também irá agradar você.

O Prof. Ricardo Fernandes é oriundo de família experiente na Vela e obteve grande experiência ao dedicar-se a ensinar jovens a velejar em Búzios/RJ. Além disso, ousou especializar-se em educação física com especialização em Vela Educacional.

Esta publicação é uma grande contribuição ao conhecimento do esporte que mais medalhas olímpicas gerou para o Brasil. Que muitos e bons novos velejadores possam ser formados como fruto desta iniciativa.

Uma boa leitura e bons ventos!

Lars Schmidt Grael

Introdução

O conteúdo deste trabalho é resultante da experiência esportiva e profissional deste autor e pesquisador. Meu primeiro contato com a atividade de aula de Vela foi em 1983, quando as administrei ainda como velejador, sem experiência de sala de aula ou conhecimento acadêmico, na Escola de Vela do Iate Clube Jurujuba em Niterói, no estado do Rio de Janeiro, Brasil.

Após um longo período afastado da função, assumi a Escola de Vela do Iate Clube da Armação dos Búzios em 1996. Foi, porém, a partir do ano 2000 que, no mesmo clube, tomei essa função como atividade profissional e iniciei meus estudos literários sobre pedagogia e o ensino específico desse esporte. Em janeiro de 2002 me transferi para o Búzios Vela Clube a convite do seu comodoro, e criei a Yacht Escola de Vela.

Atuando como instrutor de Vela, dei continuidade aos meus estudos e efetuei mudanças na metodologia de ensino, baseado nas leituras sobre didática e pedagogia. Em 2004, me inscrevi na primeira turma de Educação Física da Região dos Lagos, na Universidade Veiga de Almeida, e em 2006 concluí a licenciatura, curso que obteve nota quatro no ENADE — Sistema Nacional de Avaliação do Ensino Superior —, onde a nota máxima é cinco. Em 2007 me formei bacharel em Educação Física, curso que obteve igual valor de nota no reconhecimento do curso realizado pelo MEC.

Durante minha vida acadêmica, realizei várias pesquisas científicas relacionadas ao esporte Iatismo, ou esporte a Vela, algumas delas citadas no atual trabalho.

No ano de 2008 concluí a pós-graduação em Docência Superior na Universidade Gama Filho, onde desenvolvi uma pesquisa científica sobre a viabilidade e relevância da implantação da disciplina Esportes Náuticos na Universidade Veiga de Almeida. Em 2009 fui convidado a implantar a disciplina Metodologia dos Esportes de Aventura (água) nessa universidade, onde, de forma inédita, foi oferecido no curso de Educação Física aulas abrangendo os esportes à Vela e o remo.

Nessa disciplina, os alunos do curso de bacharelado entram em contato com o mercado de trabalho e a função de professor de Vela e de esportes de aventura a remo, tendo aulas práticas desses esportes. A matéria faz uso de conhecimentos teóricos e, principalmente, práticos, com o uso de simulador de regata através de um programa de computador, simulador de *windsurf* e *kitesurf*, e ainda se utiliza dos barcos a vela das classes Optimist, Dingue e Laser, um barco-escola a vela e motor da classe MV25, e de equipamentos para o esporte a remo como Stand Up, caiaque e canoa havaiana.

Além da vontade de desenvolver uma metodologia de ensino para esse esporte, e devido à situação de indefinição do mercado da Educação Física em relação ao ensino do Iatismo, onde ainda se encontra à frente desta função vários instrutores de Vela sem formação acadêmica, foi justamente essa experiência que gerou minha inspiração para empreender a pesquisa científica que permitiu a realização deste livro.

Devo ressaltar que o tema desta pesquisa, que resultou na dissertação de mestrado na Universidade Trás-os-Montes e Alto Douro — UTAD —, em Portugal, não foi encontrado em nenhuma publicação científica ou literária durante o meu levantamento bibliográfico, o que me permite afirmar que o atual trabalho é uma abordagem inédita do assunto. Esse fator gerou uma grande dificuldade para esta dissertação de mestrado, devido à falta de apoio de pesquisa. Com isso, a tese foi desenvolvida com base na literatura educacional e na minha experiência como pesquisador.

Durante o levantamento literário foi encontrada uma

gama generosa de trabalhos que visam desenvolver temas voltados para o futuro velejador ou para o aperfeiçoamento dos velejadores, não havendo nenhuma menção sobre como efetuar a transmissão desses ensinamentos para os alunos, ou seja, sem desenvolver uma metodologia de ensino pensando no professor de Vela e adequando-a ao aluno.

O desporto a Vela tem como característica principal o uso da força motriz do vento, que produz energia sobre a embarcação e resulta no seu deslocamento. O conhecimento do vento e sua capacidade de produzir força sobre a embarcação a Vela é o ponto principal para o entendimento básico do aprendizado deste desporto.

Fernandes (2006), no seu estudo sobre a aplicação da metodologia da Educação Física no desporto a Vela, descreve uma demonstração da ação do vento sobre a superfície da vela onde se utiliza uma folha de papel representando a vela do barco.

Esta experiência torna mais reconhecível, ao olhar do aluno, a ação do vento sobre a vela. Esta técnica, desenvolvida neste curso de Vela, oferece condições para que crianças de sete a onze anos possam identificar melhor o elemento da natureza que é abstrato e invisível ao olho humano, visto que de acordo com Piaget essa faixa etária estaria incluída no grupo do estágio operatório concreto, onde as crianças trabalham com hipóteses, porém, para isso, é necessário que haja algo de concreto ou palpável, ou seja, elas têm dificuldade de trabalhar com algo abstrato, como o vento. Acredito então que é fundamental que a metodologia de ensino deste esporte priorize o ensino do elemento vento, buscando adequar seu ensino aos alunos.

As escolas de Vela, historicamente, foram criadas por desportistas, e suas metodologias se basearam no conhecimento técnico destes atletas. Com isso, a forma de ensino se apoiou no desenvolvimento de métodos de ensino do movimento mecânico e conhecimento estanque do exposto pelo desportista.

Na contramão dessa realidade, temos o professor de Educação Física que detém os conhecimentos não só deste desporto, mas também didáticos e metodológicos necessários para um docente, fator que possibilita, de acordo com a pesquisa efetuada, um trabalho diferenciado no ensino e uma modernização metodológica do desporto.

Desta forma, a mencionada pesquisa buscou observar as metodologias de ensino do esporte a Vela em relação ao ensino do vento para crianças de sete a onze anos, efetuadas por três professores com diferentes experiências acadêmicas e de ensino do esporte, objetivando responder qual a diferença entre as metodologias aplicadas por desportistas e pelo professor de Educação Física e qual é a mais eficaz.

Para o desenvolvimento da pesquisa na qual este livro é baseado, foi necessária a formação de um ambiente de pesquisa equilibrado, e para isso foi selecionado um grupo de trinta crianças que tinham em comum: (1) a falta de conhecimento do elemento da natureza vento; (2) pouco ou nenhum contato com o meio náutico; (3) disponibilidade de estar presente durante os dois meses de curso, podendo apenas efetuar duas faltas; (4) estar com idade entre sete e onze anos e desejar aprender a velejar.

O local das aulas era reconhecidamente adequado para a prática do esporte e sede de escolas de Velas do município de Armação dos Búzios. Foi produzido material didático, planejamento de curso, diário de classe e equipamentos de apoio didático apropriados para as aulas, objetivando dar subsídios aos professores com a mesma antecedência, necessária para que pudessem preparar suas atuações pedagógicas.

O objetivo principal do curso da pesquisa em questão foi o ensino do reconhecimento do vento e suas ações perante a embarcação. O barco-escola utilizado foi o da classe Optimist, embarcação mundialmente adotada para o ensino do esporte a crianças de sete até quatorze anos.

Para administrar as aulas de Vela para os três grupos de dez crianças, foram convidados três velejadores com experiências diferentes em relação à função de dar aulas de Vela e o seu estágio acadêmico, ou seja: um velejador sem experiência alguma na função de instrutor de Vela e sem conhecimento acadêmico; um velejador com experiência em aulas de Vela e conhecimento acadêmico, formado em Educação Física; e um velejador com experiência em aulas de Vela e instrutor de uma escola de Vela do município.

Os resultados do processo de ensino e aprendizado foram acompanhados por oito momentos avaliativos. Após os dois meses de observações e a orientação rigorosa e extremamente eficiente do professor Doutor José Jacinto Branco Vasconcelos Raposo, docente da Universidade Trás-os-Montes e Alto Douro — UTAD —, foram extraídos os dados quantitativos das avaliações e os dados qualitativos das observações de campo. Após a análise das informações numéricas e das observações de todos os dias de cursos e suas ações pedagógicas, foi possível realizar um exame crítico, para então compará-las às informações extraídas da literatura educacional encontrada nas fontes bibliográficas pesquisadas. Desta forma, chegou-se à conclusão final da pesquisa mencionada.

Concluiu-se então que as metodologias aplicadas diferem principalmente quanto: aos objetivos educacionais e do curso em questão; à forma tecnicista de ensino dos esportistas contraposta à forma positivista do Professor de Educação Física; e quanto aos métodos didáticos utilizados.

Concluiu-se ainda que a metodologia mais eficaz foi a do professor de Educação Física, seguida de perto pela metodologia aplicada pelo instrutor de Vela, em detrimento da aplicada pelo velejador sem experiência na função de professor.

Com a conclusão desta pesquisa de mestrado, foi possível, então, o desenvolvimento deste livro que objetiva dar conhecimento dos aspectos envolvidos no trabalho científico citado e ainda desenvolver uma proposta metodológica para o ensino de esporte a Vela, com o objetivo de servir de instrumento de estudo e incitamento dos profissionais envolvidos com aulas de esportes, principalmente esportes a Vela.

Este livro aborda as metodologias aplicadas para as aulas de barco a Vela; porém, muitos ou quase todos os métodos podem ser utilizados para todas as modalidades de ensino do esporte a Vela; mais ainda, os debates e critérios aqui gerados podem auxiliar, se me permito sonhar, o ensino de todos os esportes.

Efetuei este trabalho com a intenção de envolver o leitor e direcioná-lo para o mundo do esporte a Vela. Desta forma, foi feito inicialmente um levantamento histórico do esporte, seguido de uma visão sobre a Vela de competição e do debate sobre a educação e o esporte a Vela, para, na sequência, dissertar sobre a pesquisa efetuada e, por fim, introduzir uma metodologia para o ensino do Iatismo.

Escrevo também este livro com a intenção de proporcionar subsídios para o debate sobre os rumos da educação esportiva e a sua profissionalização, sem ter o intuito de dar uma receita de bolo. É função do professor de qualquer área estar sempre atualizado e constantemente estudando sobre sua prática profissional; com isso, vejo este trabalho como um semeador de outras fontes de pesquisa, pois necessitamos de pensadores que venham expor suas ideias sobre a prática da educação esportiva, não apenas sobre o que se deve ensinar.

Em abril de 2011 tive a oportunidade de participar do I Encontro dos Profissionais da Vela, evento promovido pela UFRJ, CBVM e Projeto Grael, e nele percebi a intenção de seus organizadores e palestrantes de iniciar um processo de profissionalização de todas as atividades envolvidas neste esporte, entre elas a Escola de Vela. O encontro foi excelente, e serviu de incentivo à minha intenção de escrever este livro, pois acredito que o Iatismo pode e deve ser pensado de forma mais organizada e profissional, desde sua base, não apenas na competição.

Capítulo I — Conhecendo a Escola De Vela e o Iatismo

> *O mar lapida o caráter do marinheiro. Maior expressão da natureza, ele testa e endurece o homem com suas fortes ondas, tormentas e calmarias.*
>
> Lars Grael

Iniciamos nossa abordagem fazendo uma breve explanação do que é a atuação e como é o ambiente da Escola de Vela, e, em consequência, do professor de Vela. Objetivo, desta forma, dar uma visão geral ao leitor que ainda desconhece de forma mais intima essa função e está interessado em conhecer melhor tal cargo educacional e esportivo.

1. A escola de Vela e seu ambiente de trabalho

O esporte a Vela tem diversas características específicas que o distinguem dos muitos outros esportes; como por exemplo, o fato de ser desenvolvido através de um equipamento que é um veículo náutico, e, por isso, tem suas responsabilidades, regras e leis cuja infração pode penalizar legalmente o condutor. Desta forma, o futuro velejador deve ser auxiliado na sua iniciação esportiva através da atuação de um professor.

Outra característica deste esporte é a possibilidade de se

ter alunos com sete ou oito anos e até de idades bem mais avançadas, pois o fator etário não é impeditivo e sim apenas limitante, ou seja, basta dimensionar o equipamento para o aluno, como faz, por exemplo, o barco-escola conhecido como Optimist, que é adequado para crianças de oito até quinze anos; existem, porém, equipamentos que atendem as limitações e necessidades de todas as idades.

Alunos com menos de sete ou oito anos devem ser avaliados; de acordo com suas limitações, pode não ser aconselhável sua iniciação devido a fatores cognitivos e motores que diferem de uma criança para outra. Muito ainda deve ser pesquisado, para se ter total certeza do que pode ser adequado ou não, mais por experiência própria posso afirmar que alunos com menos de sete anos, na maioria dos casos, não adquirem o aprendizado adequado. Além disso, podem acabar por se traumatizar com as reações do equipamento, e gerar uma resistência à prática do esporte que pode durar muitos anos, talvez até uma vida inteira.

Em quase todas as cidades litorâneas existem alguns clubes náuticos, pousadas, hotéis, marinas, projetos sociais, associações de velejadores, entre tantos outros lugares propícios à existência do curso de Vela, seja qual for a modalidade. Nos clubes náuticos ou de Vela encontramos uma estrutura adequada de público e instalações físicas para a criação de uma escola de Vela voltada para, na maioria, os sócios e seus filhos; isso permite a existência de cursos de longa duração, que podem objetivar de forma efetiva o esporte-lazer e o esporte-competição.

Muitos desses clubes formam flotilhas de barcos (grupos de embarcações e velejadores da mesma classe de barco) e tendem a desenvolver competições, acabando assim por atrair muitos alunos das Escolas de Vela, gerando um perigoso risco educacional que está incutido no esporte-competição. Falaremos sobre este assunto mais à frente.

Em alguns clubes, normalmente localizados em cidades turísticas, podemos encontrar Escolas de Vela que atendem os sócios e os turistas, visto serem localizados em locais de veraneio que, normalmente, têm um grande movimento sazonal e um pequeno movimento local e constante. Desta forma essas escolas acabam por ter dois produtos: cursos rápidos, normalmente de oito a doze horas, e cursos longos, que podem durar três ou mais meses.

As marinas, projetos sociais e associações de velejadores são entidades que fazem uso dos serviços de uma Escola de Vela nos mesmos moldes dos clubes náuticos ou de Vela. Encontramos ainda as pousadas, hotéis e outros empreendimentos que podem incluir a Escola de Vela entre seus serviços. Se observarmos empresas como o Club Med, que tem sua estrutura concebida para o turismo hoteleiro de aventura, encontraremos serviços em várias atividades esportivas e de lazer, entre elas as aulas de Vela e passeios náuticos.

Existem diversas possibilidades, e muitas delas podem ser desenvolvidas de forma empreendedora pelo professor de Vela, que mesmo não encontrando uma estrutura já pronta pode desenvolver com sucesso a sua própria; assim surgem novos núcleos de Vela em muitos municípios.

Os cursos de Vela devem então ser produzidos com o objetivo de atender às necessidade dos clientes e ainda observar a necessidade de uma boa educação esportiva, dentro dos moldes fixados pelas instituições de ensino do país. Com isso, encontramos cursos com pouca carga horária, fato que impede uma instrução mais elaborada, porém atende às necessidades dos alunos, normalmente turistas. É importante, em tais oportunidades, que o curso seja desenvolvido com o mesmo objetivo dos cursos de maior duração, ou seja, gerar um velejador consciente e autônomo.

Quando uso o termo "velejador", me refiro ao iatista que minimamente conhece o funcionamento de todos os equipamentos da sua embarcação, sabendo montar, desmontar, lavar e guardar; sabe realizar todas as manobras; conhece o vento e tem ciência, mesmo que teórica, sobre a relação entre velejar e condições meteorológicas; é consciente de suas limitações e dos fatores de segurança envolvidos neste esporte, inclusive com o conhecimento básico das regras ou leis náuticas. Afirmo que estes itens formam um conjunto de conteúdos mínimos para qualquer curso de Vela que seja consciente de sua função e responsabilidade.

As Escolas de Vela devem, portanto, desenvolver seus cursos baseando-se nas suas limitações de instalações e equipamentos e no seu público-alvo e suas necessidades, objetivando adequar-se à uma metodologia de ensino que permita alcançar, de forma solida, o objeto final da educação, que é o aprendizado.

O planejamento do curso e das aulas e suas avaliações são igualmente importantes para qualquer escola esportiva. Mais ao final deste livro abordarei e exemplificarei esses fatores educacionais.

2. Breve histórico da origem da Vela

A história da navegação é muito antiga, porém grande parte da sua memória se perdeu e sua origem ficou, como afirma Barros (2005, p. 3), "na obscuridade impenetrável do tempo". Existem escritos datados de 2.000 anos antes de Cristo que relatam a aventura do homem no mar; no Egito Antigo "encontramos o '*dhow*' movendo-se suave e silenciosamente sobre as águas ensolaradas do rio Nilo, com sua enorme vela latina enfunada por uma brisa que vinha ligeiramente de frente" (Barros, 2005, p. 4). O barco a vela se tornou um meio de transporte, e desde eras mais antigas da humanidade é um meio de lazer e de negócio (Fernandes, 2006).

Existe a crença de que a história do barco a vela é mais antiga do que sua história escrita, e mesmo que não haja informações precisas sobre quando se iniciou a história da Vela, é possível dizer, através de estudos de tipos de construções navais e seu desenvolvimento, que a utilização do barco impulsionado pelo vento pode vir da milenar história chinesa ou próximo a 4.000 a.C., visto que foram encontradas peças onde um artista egípcio reproduziu um barco de proa elevada — minúcia que demonstra ser uma construção feita de algum tipo de armação naval e não um simples tronco esculpido, pois na reprodução fica visível a indicação da existência de um mastro e uma vela quadrada (Baader, 1960).

No Brasil existe até hoje um tipo embarcação que, devido à sua construção rudimentar, acredita-se que seja um meio de transporte muito antigo, e que é abundantemente utilizado pelos pescadores do nordeste brasileiro da atualidade; estas embarcações são conhecidas como jangadas, e tem sua forma de construção muito semelhante à das embarcações feitas na pré-história da construção naval, como se pode observar na Figura 1,[1] extraída do excelente site sobre a construção do lindo barco de nome Mandragore II.

Figura 1 - jangada

Sabe-se então que embarcações impulsionadas pela ação do vento são intensamente utilizadas por diversos povos ao longo da história da humanidade; porém, devemos verificar e também entender os motivos que levaram o homem a se aventurar por espelhos de águas pouco explorados ou totalmente desconhecidos. Para isso recorreremos à própria evolução dos barcos e suas velas (Fernandes, 2006).

Através dos formatos dos barcos, seus tamanhos e suas velas empregados na antiguidade é possível observar que havia

---

1 Fonte: http://www.mandragore2.net/dico/lexique2/lexique2.php?page=j

uma grande quantidade de razões para a utilização de embarcações a vela, tais como: comércio, exploração, sepultamento e sobrevivência. Existem, porém, informações que comprovam que o ser humano utilizava o barco para seu lazer. Devido à necessidade dos navegantes de conhecer e saber lidar com as ações do vento e do mar, povos antigos como chineses, *vikings*, fenícios, egípcios e polinésios, da mesma forma que os das civilizações da era moderna, obtiveram grande evolução na construção naval de barcos e suas velas, permitindo aumentar sua utilização (Fernandes, 2006). Seguem algumas imagens dessas embarcações, como por exemplo, a Figura 2,[2] de um barco fenício datado de 1.500 a.C.; a Figura 3,[3] de um barco egípcio de 1.200 a.C.; a Figura 4,[4] de um barco *viking* do século X; e a Figura 5, [5]de um barco romano de 200 a.C.

À esquerda, Figura 2. - barco fenício. À direita, Figura 3 - barco egípcio

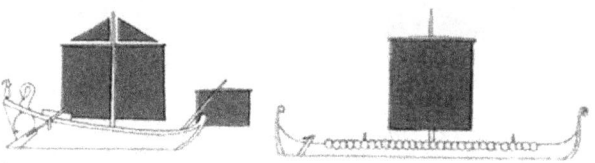

À esquerda, Figura 4 - barco viking. À direita, Figura 5 - barco romano

---

2 Fonte Fig. 2: http://www.portogente.com.br/texto.php?cod=48661.

3 Fonte Fig. 3: http://thelosttreasurechest.wordpress.com/ship-gallery/#jp-carousel-1090

4 Fonte Fig. 4: http://www.histarmar.com.ar/nomenclatura/LaVela/22TiposAntVel.htm.

5 Idem Fig. 5.

A invenção dos barcos a vapor, por volta do século XVIII, veio mudar o panorama mundial e tirar o prestigio e a utilização mercantil das embarcações a vela devido à criação do meio de propulsão gerado por máquinas, que retiravam sua energia da queima de madeira. Desta forma, proporcionavam o aquecimento de caldeiras que formava pressão através do vapor de água e com isso movimentava os eixos que eram ligados a hélices, impulsionando o barco. Essas embarcações podiam navegar em qualquer direção, sem ficarem restringidas ao rumo do vento, como mostra a Figura 6.[6]

Figura 6 - barco a vapor

A condição mais favorável de navegação dos barcos a vapor acarretou uma redução drástica do uso comercial do barco a vela, que por consequência começou a ser utilizado para lazer e competição. Este fato histórico é evidente e relativamente recente, porém, há subsídios que permitem afirmar que os faraós e

---

6 Fonte: http://www.revistaenred.com/historia-personajes-lugares-momentos/197-
-historia-de-los-viajes.html.

reis *vikings* navegavam por prazer, muito antes da invenção das máquinas a vapor.

Outro fato histórico nos revela que o rei Roberto da Escócia obtinha grande prazer ao navegar seu barco no ano de 1326. E ainda outro rei, adepto da navegação esportiva de lazer, pode ter proporcionado o nascimento do esporte a vela no século XVI, na Holanda, quando as autoridades marítimas holandesas faziam uso de pequenas embarcações para ir ao encalço de contrabandistas e piratas. Esses barcos de menor tamanho e peso eram chamados de "Jaght's" como se pode observar na Figura 7,[7] que significa "caçador ou perseguidor". Com o tempo, esses "Jaght's" começaram a ser utilizados para passeios e prazer.

Figura 7 - Jaght's

Um desses barcos foi presenteado ao rei Carlos II da Inglaterra, que se encontrava exilado no país onde foram criados, por ocasião da comemoração do seu regresso ao trono em 1660. Carlos II ficou tão arrebatado com a navegação de lazer que "fez construir diversos barcos para sua distração pessoal, buscando

---

7 http://www.portalsaofrancisco.com.br/alfa/iatismo/iatismo-2.php.

nessa atividade sensações, entre elas a de '*dominar a natureza e submetê-la*'" (Barros, 2005, p. 14).

Com o passar dos anos e séculos, o esporte a vela se difundiu na Europa, e com isso a palavra "Jaght" se transformou em "Yacht", forma inglesa do termo original em holandês. Mais tarde, através do desenvolvimento contínuo do esporte a vela de lazer, originaram-se os Yacht Club's.

O primeiro clube para yacht's foi fundado em 1720 na Irlanda. Em 1851 foi à vez do New York Yacht Club criado na America do Norte, e que originou a mais célebre competição mundial da época, a Copa América (Baader, 1960).

Desde aquela época o esporte a vela se alastrou pelo mundo, gerando milhares de adeptos. No continente brasileiro, tem historicamente poucos relatos escritos, e desta forma sua história se confunde com a fundação dos clubes de vela do país. É certo que em 1906 criou-se, no bairro carioca de Botafogo, o primeiro clube de vela do Brasil, denominado Yacht Club Brasileiro. Já em 1914 foi fundado na cidade de Niterói, também no estado do Rio de Janeiro, com o nome Rio Sailing Club, o primeiro clube daquela cidade.

As fabricas especializadas em barcos a vela e a presença de carpinteiros familiarizados com a construção de barcos esportivos no Brasil era inexistente, fato que gerou, por ocasião da fundação desses clubes, a necessidade da importação dos barcos e seus equipamentos. Com o início da I Guerra Mundial a importação se tornou inviável, e, graças a este fato, os velejadores se juntaram e criaram um procedimento de construção de barcos que objetivava que fosse de tamanho médio e necessitasse de pouco conhecimento e investimento. O fruto desse trabalho originou a construção do barco Hagen-Sharpie, que foi o primeiro barco monotipo — ou seja, de apenas um casco ou apoio na água —, desenhado no Brasil no ano de 1915 (Schmidt, 2005). Na Figura 8,[8] o plano do barco Sharpie de 12 m², desenvolvido pelo designer alemão, J. Kroger em 1931.

---

8 Fonte: http://www.sailbrasil.com.br/incsites/sharpie/sharpie_plano.jpg.

Na cidade do Rio de Janeiro foi fundado, no ano de 1943, o Iate Clube do Rio de Janeiro que é, até hoje, um grande desta-

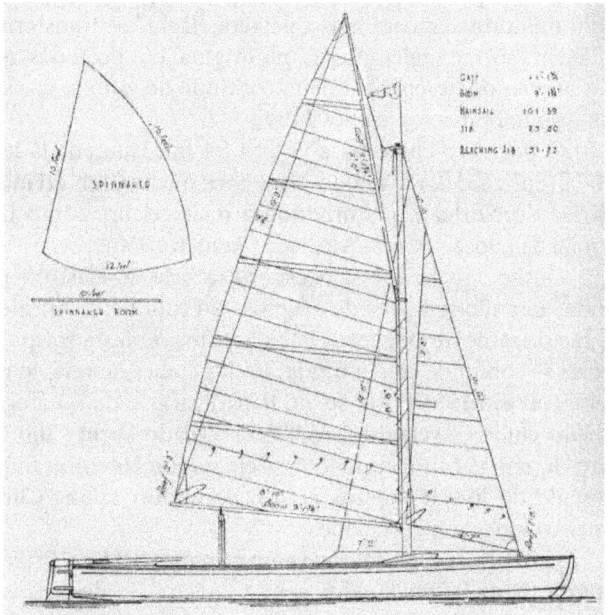

Figura 8 - Sharpie: projeto de construção

que na Vela nacional e um celeiro de velejadores e incentivadores do esporte.

É desta forma que se relata a história da Vela no país, e pode-se dizer que muitos outros grandes clubes foram criados por todo território brasileiro e são hoje grandes expressões da Vela brasileira.

Com a instituição dos clubes de Vela desde o ano 1720 na Irlanda, de acordo com Baader (1960), foram formadas as primeiras competições a vela nacionais e internacionais. Uma das mais antigas e prestigiosas entre as internacionais é a Taça da América, porém há outras de grande reconhecimento, como

Fastnet, Whitbread, Vendée Globe e Sydney-Hobart, entre muitas outras. Essas competições estimulam velejadores de todo o mundo a utilizar embarcações que estão se sofisticando a cada ano e utilizando toda a tecnologia no desenvolvimento de seus barcos e equipamentos.

Clubes como o New York Yacht Club sediavam grandes regatas, como demonstra a Figura 9,[9] que representa uma regata deste clube em 1869.

Figura 9 - Regata de 1869, NYYC

3. Os Jogos Olímpicos

A Olimpíada é uma das competições mais complexas e tem forte apelo psicológico, imposto pela grande valorização inserida no currículo esportivo do atleta, fato que gera muitas oportunidades de apoio logístico e financeiro. Torna-se, com isso, um objetivo constante do velejador que deseja se "profissionalizar" ou se tornar um atleta de competição. É comum encontrarmos um altíssimo nível técnico e físico nesses jogos, que em muitos casos superam os campeonatos mundiais nesses as-

---

9 Fonte: http://www.allposters.com/-sp/The-New-York-Yacht-Club-Regatta-1869-
-Posters_i4251804_.htm.

pectos, visto que o esportista tem quatro anos para se preparar para eles e apenas um para as demais competições, geralmente realizadas anualmente.

Assim, me atenho aos Jogos Olímpicos ao falar da Vela de competição, pois creio que seja uma ótima referência para o tema. Não pretendo, porém, diminuir com isso o valor das conquistas de grandes velejadores que não alcançaram medalhas olímpicas; conheço inúmeros que não atingiram essa meta e são referências do esporte.

Não é meu objetivo esgotar o assunto neste capítulo, pois procuro com esta abordagem apenas inserir uma visão da brilhante atuação brasileira nesse esporte em âmbito internacional.

O Brasil participou de todas as competições olímpicas de Vela desde 1948, sempre com atletas se classificando entre os dez primeiros lugares. Considera-se que o fato de o país ter um litoral extremamente extenso, que atrai grande parte da população para a prática de esportes náuticos, seja a causa desse sucesso, que também podemos observar em outros países, como, por exemplo, os Estados Unidos, a Austrália, a Nova Zelândia e outras potências do iatismo mundial.

A prática do esporte foi introduzida no Brasil por norte-americanos, europeus e seus descendentes. Quando observamos os nomes dos representantes brasileiros nos deparamos com a influência estrangeira. Vejam, por exemplo: em 1952, nos Jogos Olímpicos de Helsinque, Alfredo e Rolf Bercht e Joaquim Roderbourg ficaram em sétimo lugar; em 1960, em Roma, Reinaldo Conrad foi quinto. Na década de 1960, o já renomado iatismo brasileiro confirmou sua reputação internacional através da atuação dos velejadores Reinaldo e Ralph Conrad, Axel e Erik Schmidt e Jörg Bruder, que colecionavam títulos nacionais e internacionais. Em 1968, durante as Olimpíadas do México, o Brasil obteve sua primeira medalha com os velejadores Reinaldo Conrad e Buckhard Cordes na classe Flying Dutchman, e nas mesmas olimpíadas os irmãos Axel e Erik Schmidt ficaram em sétimo lugar na classe Star.

Nos Jogos Olímpicos de 1972, em Munique, tivemos outra grande participação com os velejadores Conrad e Cordes, que ficaram em quarto na classe Flying Dutchman, e Jörg Bruder e Ian Aten, que igualmente obtiveram o quarto lugar na classe Star; Axel e Erik Schmidt e Patrick Mascarenhas chegaram em sexto na classe Soling; Mário Buckup e Peter Ficker ficaram em sétimo na Tempest. Na Olimpíada de Montreal, o iatista Reinaldo Conrad recebeu sua segunda medalha de bronze na classe Flying Dutchman, dessa vez com Peter Ficker, e tivemos ainda o excelente resultado alcançado por Claudio Biekarck com o quarto lugar na classe Finn.

Em Moscou, o Brasil chegou a grandes resultados olímpicos, de certa forma beneficiados pela ausência dos Estados Unidos devido ao boicote político e esportivo ocorrido. Obtivemos duas medalhas de ouro, com as duplas de velejadores Alex Welter e Lars Bjorsktrom (Figura 10),[10] na classe Tornado, e Marcos Soares e Eduardo Penido na classe 470, o que foi considerada surpreendente.

Figura 10 - Ouro brasileiro em Moscou

Alcançamos ainda outras ótimas colocações, com o quarto lugar na classe Finn do velejador Claudio Biekarck; sexto lugar na classe Soling da equipe Vicente e Gastão Brun e Roberto Martins; e o oitavo lugar na classe Flying Dutchman com a dupla Reinaldo Conrad e Manfred Kaufmann.

A década de 1980 foi generosa, com o surgimento da nova geração de iatistas vitoriosos como os irmãos Torben e Lars Grael, Alan Adler e Pedro Bulhões, além da confirmação das grandes atuações dos velejadores já veteranos. Nos Jogos de Los Angeles, os velejadores Torben Grael, Daniel Adler e Ronald Senft, ganharam a medalha de prata na classe Soling; na classe

---

10   Fonte: http://veja.abril.com.br/olimpiadas/2012/brasil-nos-jogos/brasil-jo-gos-1980-lars-bjorkstron.shtml

Tornado, a dupla de atletas Lars Grael e Glen Haynes, alcançou o sétimo lugar; Alan Adler e Marcos Temke chegaram em sexto lugar na classe Flying Dutchman.

Em 1988, Torben Grael obteve a medalha de bronze, com Nelson Falcão, na classe Star, e veio a se tornar campeão mundial da classe nesse mesmo ano. Nos jogos de Seul, foi a vez do irmão de Torben conquistar uma medalha, quando a dupla Lars Grael e Clínio de Freitas obteve o bronze na classe Tornado.

Nos anos 1990 o Brasil teve sua primeira olimpíada sem medalhas desde 1972. Barcelona não trouxe sorte para os velejadores brasileiros, porém um nome surge nessa década e se torna uma referencia internacional, aumentando o nosso hall de velejadores de sucesso: o velejador Robert Scheidt se torna campeão mundial na classe Laser, tendo ainda sucesso nesta classe o velejador Peter Tanscheidt, ambos campeões mundiais, além da volta do velejador Torben Grael aos primeiros lugares em competições internacionais na classe Star.

Os Jogos Olímpicos de Atlanta comprovaram a nova fase do iatismo brasileiro, através das medalhas de ouro dos velejadores Robert Scheidt, na classe Laser, Torben Grael e Marcelo Ferreira (Figura 11)[11] na classe Star, e da medalha de bronze, obtida pela dupla Lars Grael e Kiko Pellicano na classe Tornado.

Em Sydney, no ano 2000, o país obtém mais duas medalhas olímpicas com a dupla Torben Grael e Marcelo Ferreira, que ficaram com a medalha de bronze na classe Star, e a prata de Robert Scheidt conquistada depois de uma disputa acirrada com o velejador que conquistou a medalha de ouro na classe Laser. Em 2002, Scheidt conquistou para o Brasil o hexacampeonato mundial da classe Laser.[12]

---

11 Fonte: http://www.bbc.co.uk/portuguese/noticias/2012/07/120709_olympics_momento_torben_dg.shtml

12 Este texto teve a colaboração de informações extraídas do site do Ministério das Relações

Exteriores: http//mre.gov.br..

Figura 11 - Torben Grael e Marcelo Ferreira

Figura 12 - Robert Scheidt em Atenas

Em Atenas, em 2004 (Figura 12),[13] os velejadores Torben Grael, Marcelo Ferreira e Robert Scheidt confirmaram sua superioridade e conquistaram a medalha de ouro, nas classes Star e Laser, respectivamente. O brasileiro Ricardo Winicki (Bimba), velejador da classe de *windsurf* denominada RSX, deixou escapar uma medalha na última regata, ficando em quarto lugar.

---

13 Fonte: http://imguol.com/2012/06/19/robert-scheidt-comemora-sua-medalha-de-
-ouro-na-vela-nos-jogos-olimpicos-de-atenas-2004-1340130521804_1920x1080.jpg

Figura 13 - Robert Scheidt e Bruno Prada em Pequim

Figura 14 - Scheidt e Prada em Londres, 2012

A olimpíada de 2008 aconteceu na cidade de Pequim e proporcionou a primeira medalha olímpica conquistada por velejadoras brasileiras, com o bronze de Fernanda Oliveira e Isabel Swan. O velejador Robert Scheidt, agora velejando com Bruno Prada na classe Star,[14] conquistou a medalha de prata e alcançou

---

14 Fonte: http://globoesporte.globo.com/Esportes/Pequim2008/Noticias/0,,MUL-

sua quarta medalha consecutiva em olimpíadas (Figura 13). O iatismo brasileiro é um dos esportes que mais traz medalhas ao Brasil: nossas equipes trouxeram medalhas olímpicas, pan-americanas e mundiais (Figura 14).[15]

4. Os campeões do iatismo e sua descendência estrangeira

O sucesso brasileiro em competições a Vela pode advir do extenso litoral e as condições perfeitas para a prática do esporte durante o ano inteiro, mesmo nos estados mais ao sul do país; porém, é interessante observar outros aspectos que influenciam, na prática, esse sucesso, entre eles a origem dos grandes velejadores nacionais.

Conforme o autor Rafael Pereira (2009), esse esporte é praticado por campeões de origem escandinava e alemã, e corrobora sua teoria através da análise dos nomes de atletas, como, por exemplo, Scheidt, Schmidt, Biekarck, Björkström. Ainda segundo Pereira (2009), estes velejadores são quase todos descendentes dos imigrantes suecos, dinamarqueses e alemães que fundaram clubes náuticos no nosso país no começo do século passado, substituindo as águas gélidas da Europa pelas baías e represas brasileiras de água e climas mais quentes. O conhecimento foi transmitido de pai para filho, resultando em gerações de velejadores e campeões brasileiros.

Um dos maiores representantes dessa linhagem na atualidade é o campeão mundial, por oito vezes na classe laser, Robert Scheidt, que é neto de suecos e alemães. Conta ainda Pereira que Robert herdou a paixão pelo esporte de seu avô Erik Kreuger, de nacionalidade sueca, que circundou o mundo a bordo de um

---

731433-16083,00-PRATA+RECOLOCA+A+VELA+BRASILEIRA+COMO+O+ESPORTE+COM+MAIS+MEDALHAS+OLIMPICAS.html.

15 Fonte: http://esportesoft.blogspot.com.br/2012/08/a-vela-do-brasil-nos-jogos--olimpicos.html.

navio a vela no século passado. Outro grande exemplo é Torben Grael, considerado por muitos velejadores como o maior atleta olímpico brasileiro e um dos maiores velejadores do mundo na atualidade, seguido de perto pelo irmão Lars, que tem duas medalhas olímpicas e dois títulos de campeão mundial.

Antes desses atletas se sagrarem campeões, o Brasil foi representado pelos primeiros campeões olímpicos: o sueco naturalizado brasileiro Lars Björkström e Alex Welter, descendente de alemães.

Pereira (2009) relata que o primeiro velejador da família no país foi o dinamarquês Preben Schmidt, que chegou ao Brasil em 1924 e transmitiu seus conhecimentos e truques de navegação, inicialmente, aos filhos Axel e Erik, e posteriormente para os netos. Ainda conforme Pereira (2009), a grande eficiência de suecos e noruegueses no iatismo pode ser esclarecida através da sua origem: os povos *vikings*, que foram os colonizadores da Suécia e Noruega entre os séculos VIII e XI, utilizavam suas táticas de guerra associadas a um extenso conhecimento sobre navegação. Desta forma, acabaram por criar um barco muito rápido, que era denominado "*drakar*", em português, dragão, uma embarcação que possibilitava o ataque ágil aos portos e navios dos inimigos. Ficaram conhecidos pela violência com que subjugavam os povos das terras e, desde aquela época, o iatismo se tornou o principal esporte desses países.

O sucesso esportivo do Brasil no iatismo, porém, não foi feito apenas com a ajuda desses atletas de descendência nórdica. Mesmo tendo ainda outros grandes nomes como Hans Domschke, Jörg Bruder, Cristoph Bergmann, Joaquim Roderbourg, Peter Tanscheidt, Klaus Hendricksen, Reinaldo Conrad, Burkhard Cordes, e Alan Adler, entre outros, encontramos nomes de grandes velejadores de outras descendências que foram e são verdadeiros campeões, como. por exemplo, Maurício Santa Cruz, Pedro Bulhões de Carvalho, Nelson Piccolo, Ricardo Winicki Santos, Guilherme Brandão, Márcia Pelicano, Fernanda Guedes, João Carlos Jordão, Daniel Santiago, Alexandre Saldanha, Jonas Penteado Filho, Marcelo da Silva, Christina Mattoso, Patrícia

Castro, Alexandre Paradeda, Flávio Fernandes, Ivan Pimentel, Marcos Vianna, Gastão Brun e Carlos McCoutney, entre muitos outros.

    O que se pode afirmar é que habitamos um país que tem uma das melhores condições de desenvolvimento do esporte a vela no mundo.

Capítulo II — O esporte a vela e seu ensino

Não há docência sem discência, as duas se explicam e seus sujeitos, apesar das diferenças que os conotam, não se reduzem à condição de objeto um do outro.

Paulo Freire

A opção de navegar em embarcações constituiu-se num novo meio de transporte de pessoas e carga. Durante muitos séculos, as majestosas embarcações a vela singraram os mares e suscitaram a formação de navegadores por todos os continentes. Desde então, a prática foi transmitida por experientes navegadores aos seus seguidores.

Atualmente, a função de ensinar o esporte a vela e a ação que o vento exerce sobre ele é efetuada, em muitos casos, por velejadores sem conhecimento de técnicas e teorias educacionais, embora existam velejadores que são formados em Educação Física, ou seja, professores conscientes de sua profissão e preparados para ela.

1. A transmissão do conhecimento do esporte a vela e sua s particularidades

Com a publicação da Lei 9696/98, que instituiu o Conselho Nacional de Educação Física e seus conselhos regionais, foram regulamentadas as funções e atuações do profissional de Educação Física, como descreve o artigo 3º, segundo o qual "compete ao Profissional de Educação Física coordenar, planejar, programar, supervisionar, dinamizar, dirigir, organizar, avaliar e executar trabalhos, programas, planos e projetos, bem como prestar serviços de auditoria, consultoria e assessoria, realizar treinamentos especializados, participar de equipes multidisciplinares e interdisciplinares e elaborar informes técnicos, científicos e pedagógicos, todos nas áreas de atividades físicas e do desporto", ou seja, dar aula de Vela é função profissional do professor de Educação Física.

O reconhecimento do vento e sua atuação sobre a superfície da vela é uma dificuldade comumente encontrada nos primeiros contatos com a teoria e a prática necessárias para o aprendizado do manuseio do barco a vela. De acordo com Bourdeaux (1967), ao se elaborar a questão "*cómo y por qué avanza el velero*", ou seja, por que e de que forma o veleiro navega, todo mundo responderá dizendo que o motivo é que o vento empurra o barco. Ainda hoje, quando efetuamos tal pergunta, elaborada por Bourdeaux, tem-se a mesma resposta, e era assim que as embarcações antigas se utilizavam do vento.

Com raras exceções, como o caso do barco egípcio Dhow, que tinha a vela latina, os barcos tinham as velas quadradas e, como relata Barros (2005), "em ângulo reto em relação à linha do casco, pelo que, somente quando havia vento favorável para enfuná-las é que tais barcos podiam se fazer ao mar". As civilizações dessa época se utilizavam da força de empuxo do vento, pois os barcos eram literalmente empurrados por esse elemento da natureza. Essa ação, porém, permitia apenas a navegação a favor do vento, sendo necessário o uso de outra força motriz para a navegação em outra direção, como, por exemplo, os remos.

O esporte a vela tem algumas qualidades específicas e outras comuns a outros esportes e atividades da vida cotidiana; porém, é importante observar sua grande influência na formação psicomotora de seus praticantes. Hoje em dia, a profissão Educação Física regula todas as atividades físicas em que é exigida a atuação de um profissional. O ensino seguro do esporte a vela gera uma necessidade quase obrigatória do aprendizado com a ajuda de um professor. A recente divulgação nacional e internacional desse esporte, com a ajuda de variados eventos e de atletas de sucesso, tornou factível a ampliação do número de praticantes, gerando com isso uma crescente procura por esta atividade física.

Faz-se necessário alertar os profissionais de Educação Física sobre este fato para permitir que percebam esta lacuna pouco explorada, e, desta forma, objetivem uma preparação técnica para atuar nesse mercado em ascensão.

Atualmente, existe uma grande variedade de tipos de barcos e pranchas a vela, utilizados em mares, rios, lagos, lagoas e baías do mundo, e seus equipamentos demandam um aprendizado para que seu uso seja seguro e adequado como meio de transporte. Isso ocasionou o surgimento das escolas de Vela e suas metodologias de ensino, com o objetivo de transmitir informações sobre a atuação do elemento vento, suas ações sobre as embarcações e todos os aspectos envolvidos na prática desse esporte.

Como disse Paulo Freire (2010), "a prática de velejar coloca a necessidade de saberes fundantes, como o do domínio do barco, das partes que o compõem e da função de cada uma delas, como o conhecimento dos ventos, de sua força, de sua direção, os ventos e velas, a posição das velas, o papel do motor e da combinação entre motor e velas. Na prática de velejar, se confirmam, se modificam ou se ampliam esses saberes".

Existem no mercado diversos livros sobre a prática do esporte a vela, mas mesmo que muitos abordem, por exemplo, o fator vento, o fazem de forma técnica, direcionada para velejadores de competição, como o conhecido *Táticas de Regatas*, escrito por Manfred Curry (1976), que discorre sobre "o conhecimento da técnica de vento". Há outro excelente, *Velejando dos 8 aos 80*, do reconhecido escritor brasileiro Geraldo Luiz Miranda de Barros, que oferece uma vasta gama de informações básicas sobre o vento; segundo o autor, "tão logo você se torne um melhor marinheiro-veleiro quererá saber mais sobre como o vento trabalha, porém, neste estágio, apresentamos apenas uns poucos fatos que você precisa conhecer" (Barros, 2005). Neste livro, o autor transcreve alguns fatores importantes sobre a atuação desse elemento da natureza, porém com o objetivo de atingir um público amplo de leitores, o que resulta numa técnica didática inadequada quando se visa ensinar, por exemplo, crianças, principalmente na faixa etária entre sete e onze anos.

No famoso *Navegar é fácil,* do mesmo autor, há um capítulo sobre o vento com a seguinte afirmação: "Embora o estudo do vento seja mais ligado à Meteorologia do que à Navegação, a compreensão de certos aspectos será útil aos navegantes em diversas ocasiões" (Barros, 2006). Há uma abordagem eficaz de conhecimentos técnicos; todavia, nenhuma forma de trabalhar o tema quando se trata de ensinar crianças é mencionada. Para elas, o elemento vento é um incógnita, algo que pode ser observado em alunos iniciantes do esporte, ainda em vias de desenvolver suas habilidades cognitivas.

Como foi visto, o barco a vela se utiliza da força motriz do vento, responsável pela energia gerada que resulta no navegar da embarcação. Fica evidente a extrema importância de uma metodologia de ensino do esporte a vela que venha a desenvolver uma abordagem, específica e prática, do elemento vento e sua ação sobre o movimento. Conforme Fernandes (2006), a Yacht Escola de Vela desenvolveu uma abordagem com essas características, que possibilita a compreensão dessa ação por crianças na faixa etária mencionada.

Na demonstração descrita pelo autor e utilizada nas aulas, uma folha de papel representa a vela do barco, e quando se assopra sobre a face superior o mesmo se movimenta, permitindo a observação da ação do vento e a constatação de que, além de empurrar a vela, o vento também a puxa. Tal experimento demonstra que uma progressão pedagógica bem delineada e desenvolvida pode ser de grande importância para crianças e adultos, com o objetivo de transmitir um maior entendimento de todos os aspectos relativos ao desenvolvimento das qualidades físicas e cognitivas necessárias para uma prática desportiva consistente e autônoma.

2. Aspectos do ensino e da aprendizagem do vento por crianças na faixa etária de sete a onze anos

Ao pensar no elemento vento, percebe-se que essa manifestação da natureza provoca percepções distintas e variadas. O budista Thich Nhat Hanh, que relata em sua obra a relação entre o budismo e o cristianismo, aborda esse fato de uma forma interessante, embora com o objetivo de debater a presença do espírito em tudo. De acordo com Hanh (2005), quando o budista toca em uma rocha, jamais o faz como se esta fosse inanimada, da mesma forma uma árvore e outros elementos da natureza: este ser natural é espírito e mente como também são, por exemplo, o ar, as estrelas, a lua — ou seja, tudo é consciência. E se dirige aos cristãos indagando: "Quando se diz 'o vento está soprando', o que se quer dizer com isso? Pois é comum ouvir esta frase quando estes querem se referir ao vento e sua percepção."

Quando as pessoas dizem "o vento está soprando", isso soa estranho, pois, como afirma Hanh (2005), é necessário que o vento esteja soprando, visto que, se isso não ocorrer, pode-se concluir que não é o vento. Porém, pronuncia-se a palavra "soprando" quando se deve apenas dizer "vento" ou "ventando".

Afinal, o que é vento? Conforme Hanh (2005), o vento é a sua percepção, a sua consciência, e de acordo com a sua percepção, assim é o vento; e esta é a única coisa da qual se tem certeza, ou seja, o vento é o objeto da sua percepção e esta consiste na substância e no objeto, naquele que percebe e no que é percebido. Desta forma, o célebre budista vietnamita afirma que o vento faz parte da consciência de cada um e é o objeto da sua percepção.

Se o debate sobre um elemento natural provoca em adultos tal confusão, pode-se imaginar a reação de crianças quanto à sua existência. Numa abordagem ecológica do comportamento, verifica-se que a percepção é resultado da evolução humana, um encontro direto entre a experiência e a expectativa, conforme afirma Rocha (2007) em sua pesquisa de mestrado sobre o ato da tomada de decisão em uma largada do esporte a vela.

O aspecto abstrato do vento, para crianças de idade inferior a dez ou onze anos, é um entrave que gera uma grande dificuldade no aprendizado, sendo sua abordagem um desafio didático e metodológico para os professores deste esporte. Segundo Piaget (1995), ao se abordar o ensino de relações lógico--aritméticas, a abstração empírica é definida como o que se apoia em objetos físicos ou aspectos materiais da sua ação, como, por exemplo, movimentos e empurrões; observa ainda que, apesar de elementar, a abstração não poderia ser constituída de puras "leituras", graças ao fato de que, para se abstrair a partir de um objeto — seja ele qual for — ou suas propriedades, se faz necessário usar inicialmente instrumentos de assimilação advindos de esquemas sensório-motores ou conceituais, não fornecidos por este objeto, e sim construídos pelo sujeito anteriormente.

Tais esquemas, até quando extremamente necessários a título experimental para a abstração abordada, não se referem aos sistemas em si, mas objetivam chegar à informação que vem do exterior, ou seja, visam um conteúdo e se restringem a focar formas que admitam a assimilação deste conteúdo.

Para Piaget, segundo Dolle (1978), "a estrutura dos agrupamentos concretos conhece uma fase de preparação até cerca dos 7 anos e uma fase de acabamento entre 7 e 11 anos". Desta forma, os alunos nessa faixa etária fazem parte do grupo piagetiano representado pelo agrupamento de operações concretas. Nesse nível, a criança é capaz de realizar operações de forma interiorizada e reversível, se utilizando de imagens concretas onde ela é capaz de transformar, por exemplo, um punhado de barro em um bloco ou em um formato de carro, e ainda refazer mentalmente esse formato e identificar outra forma com a mesma quantidade de barro. Nessa fase, porém, a criança precisa da imagem e objetos reais, palpáveis.

Ainda conforme Dolle (1978), as operações concretas, quando se fala do real concreto, ou seja, de operações formais, são capazes de operar sobre hipóteses, mas dependentes do concreto e visível. De acordo com essa visão, as crianças dentro da faixa etária de sete a onze anos apresentam uma dificuldade com o trato do abstrato — como o vento.

Para Vygotsky, de acordo com Freitas (2003), os conceitos científicos aplicados na escola constituem uma ação real e complexa do pensamento, não passível de ser ensinada através do treinamento, mas sim por obra do desenvolvimento mental da criança quando a mesma já tiver alcançado o nível necessário, ou seja, o desenvolvimento de funções como abstração, atenção deliberada, memória lógica e capacidade de comparar e fazer diferenciação.

Ainda segundo Freitas, Vygotsky considera que esses conceitos não são aprendidos mecanicamente, e sim por evolução, auxiliada por uma firme atividade mental da criança.

Quando fala sobre o tema "aquisição", Skinner (1972) afirma que as "variáveis ambientais negligenciadas pelo crescimento ou desenvolvimento acham lugar em uma segunda metáfora na qual o aluno adquire, do mundo que o cerca, conhecimento e habilidade", isto é, através da educação, onde o professor "desempenha o papel ativo de transmissor".

Conforme Libâneo (1994), a educação obedece às influências e inter-relações que cercam a concepção de traços de personalidade social e do caráter, o que vem a possibilitar a geração de uma compreensão de mundo, valores, ideias, formas de agir, e com isso revela convicções ideológicas e políticas e princípios morais frente a circunstâncias reais e desafios da vida na prática. É possível dizer, ainda, que a educação é um conceito extenso, e faz alusão ao método de desenvolvimento unilateral da personalidade, além de abranger a formação de qualidades humanas, físicas, intelectuais, morais e estéticas; e objetiva o direcionamento da atividade humana na sua relação com o meio social, num cauteloso contexto de relações sociais.

Desta forma, é crucial efetuar a observação do método e materiais didáticos, além das formas de abordagem dos itens fundamentais para a formação cognitiva dos alunos; e, com isso, objetivar a assimilação da matéria proposta. Considera-se ainda fundamental a adequação metodológica às necessidades dos alunos enquanto seres sociais e individuais.

3. A educação e o esporte a Vela

Todo educador, ou seja, aquele que toma como profissão o ato de educar, deve pautar seus conhecimentos na área da educação e, com isso, adquirir conhecimento das teorias e filosofias envolvidas; também é importante estar ciente das tendências educacionais que influenciam sua função profissional, e, consequentemente, a forma como se deve atuar no ensino de qualquer indivíduo e de qualquer tema educacional.

As metodologias e ações didáticas do ensino do esporte, seja ele qual for, estão ligadas a esses conceitos e práticas educativas, tanto quanto outras disciplinas, como matemática e português. O ato de ensinar é igual e segue as regras, apenas se moldando aos objetivos de cada um e cada tema.

A Vela tem muito a ganhar se tiver um bom ensino, visto que existem muitas possibilidades após a iniciação nesse esporte. Um velejador pode, depois de ter aprendido, tornar-se um atleta esportivo com objetivo competitivo; pode ainda ser um marinheiro profissional, um velejador de lazer, um viajante náutico e diversas outras possibilidades — todas com um ponto em comum: o bom aprendizado inicial, que poderá permitir ou não que ele se desenvolva com eficiência e responsabilidade em sua prática esportiva e/ou profissional.

Desta forma, devemos levar em conta a importância da prática educativa nesse e em todos os esportes que ensinamos ou venhamos a ensinar.

Sob esta ótica, vamos enveredar de forma rápida pela explanação da educação e temas afins, objetivando incentivar o leitor a buscar mais informação, que pode ser alcançada com a leitura específica e a participação em cursos especializados. Abordo a educação fazendo uso de pensadores e filósofos importantes da área pedagógica e científica.

Educar é um ato que deve ter como ingrediente primordial o amor ao próximo e a profissão de educador, seja de que área for. Em todos os âmbitos e modalidades de ensino é necessário se desenvolver o objetivo pretendido, somado a uma visão mais ampla do ato de ensinar, ou seja, uma educação que não seja voltada para o individualismo, para a força de trabalho hierarquizada, e sim para uma vida comunitária e solidária (Gadotti, 2004).

A pedagogia é a área de conhecimento que averigua a natureza das finalidades da educação numa sociedade específica e os meios adequados para a formação dos indivíduos, com o objetivo de prepará-los para as tarefas da vida social (Libâneo, 1994). A pedagogia deve ser participativa e condescendente, enquanto exige coragem somada à benevolência, fundamentada na ética, visto que o sucesso da pedagogia é devido primeiramente à coerência entre o enunciado e a prática do enunciante, e em segundo plano deve-se à lógica interna do enunciado (Gadotti, 2004).

A educação versa, em primeiro lugar, sobre um conjunto de ações que corresponde a uma tomada de decisão do educador, através de atos conscientes. A pessoa que assume o ato de educar, seja ele simples ou complexo, tem algum conhecimento prévio, devido a fatores tais como: ter sido educada por gerações anteriores; pretender a conformação do aluno em relação ao molde do grupo social a que pertence; ou, ainda, por admitir que através de sua ação educativa provocará um reflexo positivo no futuro do aluno (Sobral, 1985).

Segundo Piaget (1988), "educar é adaptar a criança ao meio social, isto é, transformar a constituição psicobiológica do indivíduo em função do conjunto de realidades coletivas às quais a consciência comum atribui algum valor".

É possível se afirmar que a Educação é um conceito vasto, que se refere ao procedimento de desenvolvimento unilateral da personalidade e abrange a formação de qualidades humanas, físicas, intelectuais, morais e estéticas, visto que ela permite o direcionamento da atividade humana na sua relação com o meio social, num apurado contexto de relações sociais (Libâneo, 1994).

É determinado na LDB — Lei n. 9.394 (1996), no seu Art. 2º —, que "a educação, dever da família e do Estado, inspirada nos princípios de liberdade e nos ideais de solidariedade humana, tem por finalidade o pleno desenvolvimento do educando, seu preparo para o exercício da cidadania e sua qualificação para o trabalho".

Desta forma, a educação precisa ser vista nos âmbitos da família e do Estado, com o objetivo principal de adequar o educando ao exercício da sua cidadania e qualificá-lo para o trabalho. Conforme Gonçalves (2008), "educar é tornar o homem consciente de si mesmo, de seus deveres e direitos, de sua responsabilidade para com sua espécie"; e ainda acrescenta que faz parte da educação a capacidade de tornar o homem hábil em pensar em si e em seus relacionamentos com outras pessoas, para visar à percepção de que é impossível que o homem tenha suas necessidades alcançadas sem a interação de outros.

De acordo com essa premissa, Gallo (2003) afirma que o poeta inglês John Donne iniciou um poema com o verso "homem algum é uma ilha". O homem é um ser social, e como definiu Aristóteles há 2.500 anos, os seres humanos são animais políticos, e, dessa forma, levados necessariamente a fazer parte de grupos humanos e a viver a vida junto a vários outros humanos iguais entre si. De acordo com Freitas (2003), na opinião do pesquisador Vygotsky o comportamento humano é inerentemente social e culturalmente organizado.

Para Gagné (1980), a função de ensinar tem origem nas determinações das condições de aprendizagem e significa o ato de organizar as condições exteriores específicas da aprendizagem. Tais condições exteriores devem ser preparadas gradualmente, e deve-se observar, passo-a-passo, as habilidades adquiridas recentemente, assim como a necessidade de fixação de tais habilidades e a circunstância estimuladora específica necessária na próxima etapa. Gagné afirma, então, que o ensino é uma atividade que fica no centro do processo educacional. Organizar as condições exteriores de aprendizagem é função da metodologia de ensino, que permite um desenvolvimento organizado e intencional da aprendizagem e, consequentemente, ajuda na formação do caráter do aluno e determina com isso como ele atuará dentro da área educacional ensinada.

O caráter é construído com o desenvolvimento, em paralelo à formação das funções psíquicas; é formado com a cultura humana, que se dá através das relações interpessoais da sociedade em que está inserida a criança. Freitas (2003) afirma que Vygotsky considerou que o aprendizado da cultura humana ocorre através da educação e do ensino oferecido pela influência de adultos ou de amigos com maior experiência. O desenvolvimento cognitivo é uma consequência do conteúdo a ser aprendido através das relações que acontecem no correr do processo de educação e ensino.

É importante que se reflita sobre a diferença entre ensino e instrução —fatores que hoje influenciam o processo de ensino dos esportes no Brasil, onde está inserido o esporte a vela. A instrução aborda a formação intelectual, o desenvolvimento e formação das capacidades cognitivas sob posse de um determinado nível de conhecimentos sistematizados; e o ensino corresponde à ação, condições e meios para realização da instrução, ou seja, a instrução está inserida na educação (Libâneo, 1994).

No meio náutico se considera como um instrutor, de forma equivocada mas usual, aquele que possui apenas o conhecimento sistemático e técnico do esporte a vela, ou seja, os velejadores, que passam seus conhecimentos técnicos do esporte.

Libâneo (1994), entretanto, afirma que o ensino é o meio e a peça fundamental da educação e, desta forma, destaca-se como principal área da instrução e da educação, ou seja, o ensino é o instrumento pelo qual ocorre a instrução e consequente educação. A educação escolar, efetuada por centros educacionais, se constitui num sistema de instrução e ensino que objetiva, de forma intencional, práticas sistematizadas e um grande grau de organização, fortemente ligado às outras práxis sociais. As escolas esportivas não se distanciam dessa realidade, e devem se posicionar perante a sociedade sob essa orientação.

Para Gonçalves (2008), a escola — onde estão inseridas as escolas esportivas legalmente constituídas — exerce uma função primordial dentro de todo o processo de formação de cidadãos, que, desta forma, tornam-se habilitados a conviver em uma sociedade da informação e do conhecimento; com isso, o processo educativo deve fornecer as formas para que todos possam dominar a propagação de informações e ainda selecioná-las com uma visão crítica, e desta feita tornar todos prontos para operarem uma enorme quantidade de informações, dando-lhes a capacidade ainda de distinguir o verdadeiro conhecimento.

A educação é um processo que abrange o ensino como seu instrumento e que precisa de uma organização intencional para adequar os alunos à vida em sociedade e a seus afazeres profissionais futuros. Faz-se então necessário o desenvolvimento de uma metodologia eficaz e voltada ao objetivo, para que haja uma formação adequada às realidades da sociedade e ao tema proposto pelo curso ou professor.

É importante, ainda que de forma breve, se observar os conceitos e os métodos de ensino, a didática e a aprendizagem para se fundamentar a observação da abrangência da educação. A educação tem o seu processo de ensino caracterizado pela ação do docente e do discente em atividades por eles propostas e realizadas, o que permite, através dessa interação professor/ aluno e pelos estudos direcionados, um aprendizado progressivo e o desenvolvimento das capacidades mentais do aluno. O acertado direcionamento desse processo tem sua determinação no trabalho continuo, planejado e em concordância com os objetivos, conteúdos, métodos e organizações do ensino.

Como afirma Libâneo (1994), os métodos são apontados pela relação objetivo/ conteúdo e fazem referência às formas de lograr objetivos gerais e específicos do ensino, ou seja, a forma como o processo de ensino, dentro das ações efetuadas pelos docentes e discentes, tem como objetivo chegar à meta e conteúdo do ensino proposto.

Piaget (1988), ao falar sobre a transmissão educativa e o equilíbrio, considera que acima dos fatores de maturação e de experiência, a aquisição dos conhecimentos depende da transmissão educativa ou social. Esta transmissão só é louvável com a execução de um planejamento, definição de objetivos, preparação de aulas e conteúdos adequados, aspectos que envolvem a metodologia ou o método de ensino.

Os objetivos traçados devem permitir que se desenvolva um conteúdo, e assim, através de métodos, pode-se alcançar o aprendizado. De acordo com Libâneo (1994), os métodos são inanimados sem a presença dos objetivos e conteúdos; da mesma forma, a assimilação dos conteúdos é dependente dos métodos de ensino e dos métodos de aprendizagem.

Os métodos são os agentes que definiram o procedimento didático de acordo com cada conteúdo que deverá ser desenvolvido. Por exemplo, o professor deve selecionar e organizar vários métodos de ensino e vários procedimentos didáticos conforme as características de cada matéria proposta.

Dentre esses métodos, temos, entre outros, a exposição oral, a demonstração, a ilustração e a exemplificação (Libâneo, 1994).

De acordo com Gonçalves (2008), o termo "didática" define um saber especial; é uma expressão pedagógica da razão instrumental, que é aquela que adéqua melhor a relação entre os meios e os fins escolhidos. A didática depende da pedagogia, ou seja, ela necessita da área onde os saberes são normas, regras, disposições, caminhos e/ou métodos.

A didática é, como define Libâneo (1994), uma das disciplinas da pedagogia responsável pelo estudo do processo de ensino, através de fatores como conteúdos escolares, ensino e aprendizagem; tem por objetivo formular, após um embasamento teórico da educação, diretrizes orientadoras do fazer profissional dos professores, sendo assim matéria fundamental de estudo na formação profissional do docente, e uma forma de trabalho da qual ele se serve para nortear suas ações de ensino, que resultarão na aprendizagem dos conteúdos escolares por seus alunos.

O processo de ensino envolve várias etapas e atividades; todas, porém, buscam o resultado final que é o aprendizado, objetivo mor de todo esse processo. Como afirma Libâneo (1994), a principal tarefa do professor é garantir a unidade didática entre ensino e aprendizagem, através do processo de ensino. Ensino e aprendizagem são duas facetas de um mesmo processo.

Conforme Piaget e Gréco (1974), a aprendizagem vem da experiência contraída em função do contato com o meio físico ou social. De acordo com Gagné (1980), a aprendizagem se efetua no momento em que surgem diferenças entre o desempenho do indivíduo antes e o que ele demonstra após ser impelido a uma situação de aprendizagem. Para isso é necessário se verificar o conjunto de habilidades iniciais, o qual ele denomina condições internas, e as habilidades que o indivíduo aprende, que são definidas como condições externas.

De acordo com Vygotsky, citado por Freitas (2003), a aprendizagem das crianças começa muito antes de seu contato com o ambiente da escola, ou seja, a aprendizagem da criança e seu desenvolvimento estão inter-relacionados desde seu nascimento. Vygotsky percebe a aprendizagem como um processo social por excelência, onde ocorre a interação com os adultos e companheiros mais experientes e onde a linguagem desempenha uma função importante.

Skinner (1972) afirma que ensinar é a ação facilitadora da aprendizagem, e deixa claro que quem é ensinado aprende mais rapidamente do que quem não é. Para ele, o ensino é responsável pela mudança de comportamento, e esse fator define o aprendizado; ele ainda determina que existem três teorias que caracterizam a aprendizagem: "aprender fazendo", onde o estudante aprende repetindo e é levado pelo professor a exercitar ou praticar, e dessa forma acentuar a resposta; "aprender por experiência", onde através das experiências e sua combinação com o fazer se determinam as variáveis e estímulos representados pela experiência e a resposta representada pelo fazer, sendo que a resposta ocorre; "aprender por ensaio e erro", que enfatiza as consequências do comportamento. As três teorias são necessárias para que se possa considerar a formulação de qualquer exemplo de aprendizagem.

O aprendizado do esporte a vela pode ser melhor consolidado se sua educação for voltada para os métodos educativos que visam adaptar o ensino às condições do aluno e seus objetivos. Considero fundamental o desenvolvimento metodológico das aulas desse esporte e tenho certeza de que isso irá ter um reflexo muito grande na qualidade do velejador, nas suas diversas ações futuras, seja na competição, seja no uso lúdico do esporte, ou, ainda, no uso profissional dessa atividade esportiva. Devemos, portanto, formar alunos de iatismo com conhecimentos gerais, caráter aguçado, consciência e preocupação com o meio ambiente, autonomia, habilidade motora e cognitiva e conhecimento específico do esporte, nos preocupando com o processo de ensino e seus métodos.

4. A educação física e o esporte educação

O esporte a vela, como outros, ainda é ensinado por esportistas, conhecidos como instrutores de Vela. Encontramos atualmente professores de Educação Física atuando nesse ramo, muitos porém são apenas velejadores ensinando a prática de seu esporte. Minha pesquisa foi baseada nesse fato e visou verificar a diferença metodológica entre o "instrutor" de Vela e o professor de Vela, formado em Educação Física. Seu resultado determinou uma eficiência maior do professor, mesmo que na prática tenha sido pequena a diferença.

Afinal, quem pode ou não dar aula desse esporte? Legalmente falando, é o professor formado academicamente, e afirmo isso mesmo sabendo que são poucas universidades que têm em suas ementas uma disciplina, como a que desenvolvo na Universidade Veiga de Almeida, que objetiva dar conhecimento geral sobre a função de professor de Vela.

É verídico que formar-se em Educação Física não habilita, por si só, à prática do ensino desse e de outros esportes, não tradicionais, visto que o tempo de disciplina não permite formar o professor e o velejador ao mesmo tempo, deixando-os prontos para a labuta. É certo também que não é necessária grande destreza no esporte para se dar aula; é necessário, porém, o conhecimento e a prática para se atingir um grau mínimo de conhecimento que permita o desempenho da função de professor de Vela.

Acredito, portanto, que é importante criar uma ligação entre a atuação desse professor especializado em relação ao esporte e sua função educacional. Viso ainda debater a importante função do esporte como fator educacional, e não ser um simples reprodutor de ideias de forma acrítica.

Em 2 de setembro de 1998 foi publicada no Diário Oficial a lei nº. 9696/98, que dispõe sobre a regulamentação da profissão de Educação Física e igualmente determina a criação do Conselho Federal e Conselhos Regionais desta profissão. Essa Lei Federal foi reconhecida e regulamentada devido ao risco que a prática da profissão Educação Física representa ao ser desenvolvida de forma indiscriminada e irresponsável (Tojal, Costa & Beresford, 2004).

Na resolução da Fédération Internationale d'Education Fhysique — FIEP (2000), lê-se que "o esporte educacional e o esporte-lazer ou do tempo livre devem ser considerados como conteúdos da Educação Física pela similaridade de objetivos, meios e possibilidades de utilização ao longo da vida das pessoas". O aludido documento permite verificar, na sua resolução, que existe a necessidade de agir dos profissionais de Educação Física em uma gama maior de ação, o que provoca a necessidade da readaptação de suas atuações e seus processos de aperfeiçoamento. Desta forma, a função do educador físico se tornou mais extensa e, consequentemente, adquiriu mais responsabilidade. O Manifesto afirma ainda que "a Educação Física, pelos seus valores, deve ser compreendida como um dos direitos fundamentais de todas as pessoas", determinando que a Educação Física seja conceituada como "o elemento de educação que utiliza, sistematicamente, as atividades físicas e a influência dos agentes naturais, ar, sol, água etc., como meios específicos onde a atividade física é considerada um meio educativo privilegiado, porque abrange o ser na sua totalidade".

De acordo com Fernandes (2006), a Educação Física Escolar deve ser considerada como um fator de ajuda interdisciplinar, visto que através dessa disciplina podem-se trabalhar diversas situações e aspectos da vida dos alunos na escola ou em seus ambientes sociais.

Conforme Lück (2007), o enfoque interdisciplinar consiste num esforço de busca de uma visão global da realidade, como superação das impressões estáticas e do hábito de pensar fragmentador e simplificador da realidade. Sua função é responder à necessidade de transcender o olhar mecanicista e linear, além de realizar uma nova visão sob a ótica globalizada.

Através da reflexão feita, pondera-se que a disciplina Educação Física seja de grande auxílio na formação dos futuros cidadãos. Fica evidente o reconhecimento da profissão quando se observa o descrito no artigo primeiro da Carta Internacional da Educação Física e Desportos, realizada na vigésima reunião da Conferência Geral da Organização das Nações Unidas — ONU —para a Educação, a Ciência e a Cultura (1978): "(...) todo ser humano tem o direito de aceder à educação física e o desporto, que são indispensáveis para o pleno desenvolvimento de sua personalidade. O direito de desenvolver as faculdades físicas, intelectuais e morais através da educação física e do desporto, deverá garantir-se tanto dentro do padrão de sistema educativo como nos demais aspectos da vida social".

O Presidente da Academia Brasileira de Filosofia, João Ricardo Moderno, demonstra ainda em suas palavras a enorme relevância da Educação Física, que, de acordo com ele, exerce uma função gigantesca durante todas as fases da evolução humana, desde a criança até o idoso. Ela reconcilia, de forma constantemente renovada, o espírito com o corpo, sintetizando o corpo como obra do espírito. A educação dá forma ao corpo e forma o corpo físico, mas também dá forma ao corpo moral. O corpo moral está ligado ao corpo físico dentro da Educação Física, que dá base aos futuros adolescentes e adultos (Tojal, Costa & Beresford, 2004).

A fundamental importância das ações e responsabilidades da disciplina Educação Física fica evidente também nos objetivos gerais da Educação Física no ensino fundamental, conforme os Parâmetros Curriculares Nacionais - PCN (Brasil, 2000), segundo os quais os alunos devem ser capacitados a participar de atividades corporais e desenvolver um maior conhecimento de si e do outro, da mesma forma que desenvolvem a característica física como desempenho sem haver discriminação; deve imperar nas escolas um relacionamento equilibrado e construtivo, onde são adotadas atitudes de respeito, dignidade e solidariedade, repudiando a violência; os alunos devem conhecer, dar valor, respeitar e aproveitar a pluralidade da cultura corporal, ter consciência ambiental, higiênica, alimentar e de atividades corporais, preservando a saúde; devem ter total conhecimento da sua capacidade física e seus limites, adquirir senso crítico sobre os padrões estéticos impostos e conhecer, organizar e interferir no espaço de forma autônoma, reivindicando locais adequados para a atividade corporal, e, desta forma, reconhecer um direito do cidadão.

O PCN (Brasil, 2000) faz referência ainda a alguns outros objetivos comuns a todas as matérias de ensino, onde os alunos deverão ser habilitados à cidadania e sua participação social e política para exercer, desta forma, os seus direitos e deveres, e ainda poder tomar atitudes de solidariedade, cooperação e repúdio às injustiças, sempre com respeito ao próximo, e com isso exigir a mesma conduta. Tal aluno deverá ser capaz de posicionar-se critica, responsável e e construtivamente, para formar a noção de identidade nacional e pessoal; deve ser contrário a qualquer discriminação, expressar e comunicar suas ideias, saber utilizar as fontes de informação e recursos tecnológicos e questionar a realidade através de problemas que deverão ser resolvidos com o uso do pensamento lógico, da criatividade, da intuição e da capacidade de fazer análise crítica, além de outros itens contidos nas metas de ensino.

Esse documento confirma a relevância que a disciplina Educação Física obtém no processo de ensino/ aprendizagem e sua competência entre as outras disciplinas; com isso, tal atividade deve ser analisada e desenvolvida com muita seriedade por seus profissionais. Conforme Tubino e Moreira (2003), a Educação Física é "considerada em todos os tempos um dos mais efetivos componentes educacionais. Em outras palavras, a educação física começou em muitos países a constituir-se num meio para os desportos, ou, mais precisamente, para o 'grande resultado desportivo'".

O esporte escolar vem sendo cada vez mais valorizado e seus benefícios são evidentes, como fica claro na afirmação contida no Manifesto da Educação Física (FIEP, 2000), segundo o qual o "Esporte Educacional é entendido como as práticas assistemáticas de educação, em que: (a) os princípios da cooperação, coeducação, participação e outros princípios estão presentes; (b) a seletividade e a hipercompetitividade são evitadas; (c) os objetivos são a formação para o exercício da cidadania e a prática do lazer".

Considera-se, então, que o esporte educacional não deve ficar preso aos espaços físicos dos estabelecimentos educacionais, onde uma estrutura inadequada pode acabar por desrespeitar a necessidade de se oferecer uma gama maior e atual de opções, o que pode se tornar um dos principais fatores de desânimo para os alunos, além de criar a ideia de que a educação física é "chata" e banal, fato agravado pela falta de interesse e criatividade do docente.

Ao se considerar os aspectos sociais do esporte, é viável afirmar "que o esporte é um fenômeno social que atingiu níveis muito complexos de desenvolvimento nas diversas sociedades" (Tubino, 2001).

Tubino ainda afirma que as leis esportivas ratificam essa declaração no momento em que buscam uma consistência social que provoca leis que, por se referirem à relevância social do esporte, indicam que é possível erguer uma sociedade mais humana por meio do esporte.

O esporte, como instrumento educacional, tem uma íntima ligação com as relações gerais da educação, do desenvolvimento individual, da formação para a cidadania e da orientação para a prática social. De acordo com Tubino, "o principal equívoco histórico do entendimento do esporte-educação é a sua percepção como ramo do esporte-performance ou de rendimento". Essa forma distorcida de perceber as competições escolares finda em reproduzir competições de alto nível, o que acarreta na perda do sentido educativo e permite a perpetuação de seus vícios.

A direção educativa no esporte deverá conter as três partes da ação pedagógica consideradas fundamentais: desenvolvimento psicomotor, integração social e atividades físicas educativas. O desenvolvimento psicomotor deve abranger as atividades que visem o movimento motor, somadas a situações críticas e autoavaliativas, livres de discriminações; na integração social é fundamental permitir a participação ativa dos alunos nas decisões do âmbito organizacional das atividades, além de uma constante influência nas ações esportivas extraescolares, para poder alcançar uma atuação na comunidade em que está introduzida a escola; as atividades físicas educacionais estão norteadas pela consolidação das aptidões e capacidades, e na aquisição de níveis superiores destas capacidades (Tubino, 2001).

O esporte educacional, empregado como ferramenta pedagógica, deve ser o reflexo de uma educação desprovida de uma relação atrelada apenas ao trabalho, e sim seguir uma ótica maior na construção dos futuros cidadãos, como declara Kunz (2004): "quase sempre que se lê ou se ouve falar a respeito de educação proposital e sistemática desenvolvida na escola percebe-se um entendimento de que essa atividade deve cumprir mais do que apenas transmitir/construir conhecimentos e habilidades. Encontra-se sempre anunciado, também, que a formação para a emancipação, autonomia e cidadania é tão ou mais importante que a formação para o agir competente no âmbito do trabalho".

Desta forma, o ensino do esporte na escola não deve estar atrelado ao esporte-competição indiscriminadamente, e sim de forma sempre didática e diversificada. O esporte educacional permite desenvolver nos alunos uma visão ampla do mundo, e não somente o que as instituições e suas as informações publicitárias, e também os poderes constituídos, querem divulgar.

Kunz (2004) declara que, "entre essas instituições que moldam pessoas de acordo com padrões estabelecidos pelas referências externas, notadamente orientadas pelas instâncias econômicas, também encontramos a escola", e por isso deve-se desenvolver um aproveitamento pedagógico que forme cidadãos críticos e sabedores dos seus direitos e deveres.

De acordo com Fernandes (2006), as modalidades esportivas tradicionalmente aplicadas nas instituições de ensino são ferramentas eficientes, porém não são mais a preferência dos alunos em relação à sua prática. Tal conclusão é baseada nos resultados da pesquisa efetuada pela Associação de Esportes Náuticos de Armação de Búzios — ASENAB, que entrevistou 300 alunos de escolas públicas e privadas do município fazendo uso de um questionário que continha as seguintes perguntas:

Qual o esporte que você pratica atualmente?
Qual o esporte que você gostaria de experimentar?
Qual outro esporte você gostaria de ter na sua escola?

Os alunos tinham as seguintes opções: *windsurf*, barco a vela, surf, mergulho, ski aquático, natação, esporte com bola, outros, nenhum. A segunda e terceira perguntas tiveram resultados semelhantes, evidenciando que 70 % das crianças preferem praticar natação, modalidade não aproveitada pelo esporte escolar das entidades pesquisadas e de grande utilidade para um município que tem como principal fonte de lazer as praias e seu mar. Observa-se, através dos resultados da pesquisa, que o esporte tradicional desperta pouca atenção das crianças nas escolas analisadas.

O esporte educacional deve levar seus praticantes ao engajamento na visão social do esporte, fazendo uso do esporte--participação, que, conforme Tubino (2001), "é a dimensão social do esporte referenciado com o princípio do prazer lúdico, e que tem como finalidade o bem-estar social dos seus praticantes".

O esporte popular mantém uma forte ligação com o lazer e o tempo livre, e é uma manifestação influente dentro dos espaços de tempo que emergem das responsabilidades diárias do cotidiano, além de objetivar a descontração, diversão, o crescimento pessoal e a relação social. Desta forma, as ações didáticas do esporte na escola incentivam sua prática sadia no âmbito familiar e social, devido à pratica do esporte-participação, sendo a participação "considerada como um aspecto essencial de qualquer processo de democratização" (Tubino, 2001, p. 39).

Todavia, a prática do esporte-performance tem seu valor e não deve ser deixada de lado; deve ser utilizada de forma complementar à atividade esportiva e assim tornar visíveis os aspectos positivos e evidenciar os aspectos negativos. Desta forma a sociedade poderá ficar em contato com essa manifestação esportiva saudável e tão presente na vida dos indivíduos, mas, atualmente, explorada de forma capitalista com o objetivo de alçar o lucro financeiro.

Com uma abordagem pedagógica adequada e baseada na percepção de que o esporte-rendimento já foi governado pelo ideal olímpico, sem o intuito político extremado e distante da visão de negócios capitalista, hoje considerados quase irreversíveis (Tubino, 2001), torna-se possível uma aplicação saudável dessa manifestação esportiva, sendo primordial que no âmbito social do esporte sejam evitados os vícios, erros e distorções do esporte-rendimento, e ressaltados suas consequências e aspectos saudáveis para permitir o desenvolvimento de uma visão crítica de sua dimensão comunitária.

Seja qual for a prática educacional de Educação Física, é necessário utilizar os diversos aspectos e instrumentos disponíveis com o objetivo de formação do cidadão pleno, e com isso evitar as práticas simplórias e desprovidas de visão cidadã, como abordado por Kunz (2004), onde "normalmente oferecem-se, nas atividades práticas da educação física escolar, dois tipos de conteúdos, ou seja, como muito bem se expressa na linguagem do aluno: 'ou física ou bola', significando os chamados exercícios físicos, ou ginástica, e os esportes ou jogos".

Deve-se, portanto, possuir uma consciência da função de extrema importância que exerce o educador físico. Esse profissional deve, no entanto, ficar atento para não ser atraído pelo ensino orientado sob o paradigma instrumental e funcional do saber fazer com base em padrões preconcebidos, mesmo quando se aplica brincadeiras elementares; e evitar dar ênfase exagerada à competição e à concorrência, caso em que correria o risco de formar seres humanos convictos de suas incapacidades e assim impossibilitar a geração de meios ou condições de autossuperação e autoconhecimento de suas possibilidades e condições (Kunz, 2004).

Com o objetivo de formar cidadãos plenos, se faz necessário considerar o educador Paulo Freire (1987) e sua afirmação de que a prática problematizadora permite aos alunos desenvolver seu poder de apreensão e compreensão do mundo ao seu redor, e, assim, permitir o uso de suas relações com este mundo não como um fato incontestável, mas como uma realidade que segue um processo de transformação. Paulo Freire se posiciona igualmente quanto à tendência do "educador-educando" e do "educando-educadores" quando coloca sua opinião de que se trata de uma forma autêntica de pensar e agir.

Por ocasião do período de repressão militar, Freire (1987) alertou sobre a importância da problematização e da procura de si mesmo, ao afirmar que qualquer que seja o caso, o fato de que uns poucos indivíduos impeçam outros de serem agentes de sua busca se alojará como condição violenta, não importando como foi feita essa proibição. A tentativa de transformar esses indivíduos em objetos é o mesmo que aliená-los de suas decisões e transferi-las para outro, ou outros, indivíduos. A prática das escolas de Vela, principalmente quando atuam sobre crianças e jovens, deve ser compreendida como uma ação que necessita do desenvolvimento mais apurado da função, visto que influenciamos as vidas desses pequenos cidadãos e podemos, desta forma, atuar com um objetivo mais amplo,do que apenas o ensino do esporte especificamente. Verifica-se, então, a importância do esporte-educação para a Educação Física e sua contribuição valiosa como instrumento de transformação social.

Capítulo III — A Educação Física Escolar e o Desporto

Quem ensina aprende ao ensinar e quem aprende ensina ao aprender.
Paulo Freire

O ensino do esporte a vela, como já mencionado anteriormente, passa pelas diretrizes da educação e seus métodos, e por isso devemos conhecer e debater esse processo. Segue então uma abordagem sobre a metodologia da Educação Física escolar que trabalha com crianças e jovens dentro da mesma faixa etária que atuamos nas escolas de Vela.

1. A metodologia da educação física escolar e seus esportes

A escola tem uma função fundamental na educação, e com isso não deve ser generalizada e vista como mero elemento de transmissão de conhecimentos predeterminados pelos poderes existentes. O mundo está se desenvolvendo de forma rápida e variada, e esse fato gera uma grande necessidade de constantes avaliações e modernizações na ação pedagógica oferecida e utilizada nesses estabelecimentos. A educação arcaica de décadas atrás não tem mais a mesma eficácia de antes, porém é encontrada muita resistência quando se busca uma mudança mais profunda na estrutura do ensino.

Hoje se discute a educação de acordo com uma visão denominada, pós-moderna, que não pode ser considerada apenas como modismo, e sim como um movimento de crítica ao futuro. A educação pós-moderna, segundo Gadotti (2006), tem uma grande ligação com a cultura e se expressa de forma multicultural e permanente, sendo priorizado o processo do conhecimento e suas finalidades. "O pós-modernismo na educação trabalha mais com o significado do que com o conteúdo, muito mais com a intersubjetividade e a pluralidade do que com igualdade e a unidade", lembra Gadotti. Este trabalho, porém, não nega o conteúdo, mas se esmera por uma profunda mudança desses conteúdos na educação com o objetivo de torná-los mais significativos para os alunos.

Essa forma de educação agrega valor ao movimento, ao afetivo, ao imediato, ao envolvimento, à relação, à solidariedade, à intensidade, à autogestão, em sentido oposto à valorização do conteúdo, da eficiência, da racionalidade, dos métodos, técnicas e instrumentos, ou seja, dos objetivos usuais na educação clássica. Essa educação pós-moderna tem uma visão mais humanista, e para essa tarefa, a escola deve mostrar aos seus alunos que existem outras culturas, não só a sua, com perspectivas de vida diferentes e outras ideias. "Por isso, a escola tem que ser local, como ponto de partida, mas tem que ser internacional e intercultural, como ponto de chegada" (Gadotti, 2006).

A escola de hoje deve ser autônoma, ou seja, uma escola curiosa, ousada, que busca dialogar com todas as culturas e concepções de mundo, e isso não é tarefa fácil de ser alcançada sem auxílio; para isso ela deve se aliar a instituições culturais. A Educação Física e o esporte têm em sua prática a ação, e é no desenvolvimento de suas atividades que ocorre o encontro de culturas diversas.

Quando um professor de Educação Física leva sua turma a ter contato com uma atividade física ou esportiva difundida e exercida em outras localidades, permitindo assim a visualização dos hábitos e formas de agir de seus praticantes, gera um confronto de culturas e um novo conhecimento para os alunos, o que torna a aula mais atraente e eficaz.

Em vista disso, reafirmo o que disse em minha pesquisa (Fernandes, 2006): "Acredita-se então que a disciplina Educação Física tem muito a contribuir na construção dos futuros cidadãos. Acredita-se ainda que essa tão importante função na geração e transformação desses pequenos cidadãos provoca a necessidade de ousar e transcender os muros físicos e conceituais dos estabelecimentos de ensino e suas metodologias administrativas e pedagógicas".

A escola deve, portanto, dar aos seus alunos a oportunidade de interagir com alunos de outras instituições; deve igualmente providenciar viagens, encontros e projetos que transformem a escola em um organismo vivo e atuante dentro de sua própria sociedade (Gadotti, 2006), e a Educação Física tem muito a contribuir com esse objetivo.

Na práxis pedagógica, o docente que objetiva uma visão ampla de mundo, e assim seguir de encontro a uma ação moderna e humanizada como deve ser desenvolvida numa escola dita pós-moderna, tem que se preocupar com sua metodologia. O ensino da educação física e do esporte não é diferente, e é importante observar como está estruturado.

Conforme a LDB — Lei n. 9.394 (1996), os princípios do ato de ensinar nos permitem identificar os fatores que devem orientar sua execução. O texto determina que "o ensino será ministrado com base nos seguintes princípios: I - igualdade de condições para o acesso e permanência na escola; II - liberdade de aprender, ensinar, pesquisar e divulgar a cultura, o pensamento, a arte e o saber; III - pluralismo de ideias e de concepções pedagógicas; IV - respeito à liberdade e apreço à tolerância; V - coexistência de instituições públicas e privadas de ensino; VI - gratuidade do ensino público em estabelecimentos oficiais; VII - valorização do profissional da educação escolar; VIII - gestão democrática do ensino público, na forma desta Lei e da legislação dos sistemas de ensino".

Os princípios descritos acima determinam as diretrizes

que devem ser seguidas pelos métodos desenvolvidos na disciplina Educação Física. Dentre os documentos elaborados para a condução da educação brasileira, chama-se a atenção para os Parâmetros Curriculares Nacionais — PCN, um conjunto de livros sobre a atuação do profissional de educação escolar e suas determinações. O volume sete aborda a disciplina da Educação Física, e a matéria permite uma visão adequada do objetivo do Ministério da Educação e do que se espera da Educação Física no âmbito educacional. A proposta da Secretaria de Educação Fundamental "entende a Educação Física como uma cultura corporal". O desenvolvimento da função da educação física é fundamentado na compreensão do corpo e seus movimentos, ou seja, este trabalho tem como ação natural o desenvolvimento destes dois conceitos (Brasil, 2000).

Com o objetivo de aclarar o significado de cultura corporal, verificou-se o que o documento comenta sobre o assunto; nele se encontra a definição de cultura, "o conjunto de códigos simbólicos reconhecíveis pelo grupo; neles, o indivíduo é formado desde o momento da sua concepção; nesses mesmos códigos, durante a sua infância, aprende os valores do grupo; por eles é mais tarde introduzido nas obrigações da vida adulta, da maneira como cada grupo social as concebe" (Brasil, 2000).

Ao visar uma maior eficiência motora, os seres humanos, incentivados por motivos militares, econômicos ou religiosos, criaram formas que permitissem tornar os movimentos corporais mais eficientes. Desta forma, vários conhecimentos e representações se desenvolveram ao longo dos anos, e refizeram sua significação, suas intencionalidades e formas de expressão, e assim se constituiu o que se denomina: cultura corporal. Algumas dessas formas de cultura corporal foram incorporadas pela Educação Física, entre elas: o jogo, o esporte, a dança, a ginástica e a luta (Brasil, 2000).

Segundo o PCN (2000), deve-se desenvolver uma metodologia de ensino que privilegie o esporte escolar e não o profissional, assegurando conhecimentos práticos e conceituais que determinem bem seus objetivos, ou seja, "a Educação Física escolar pode sistematizar situações de ensino e aprendizagem que garantam aos alunos acesso a conhecimentos práticos e conceituais. É fundamental também que se faça uma clara distinção entre os objetivos da Educação Física escolar e os objetivos do esporte, da dança, da ginástica e da luta profissionais, pois, o profissionalismo não pode ser a meta almejada pela escola".

Portanto, a metodologia de ensino da Educação Física escolar se resume da seguinte forma: o objetivo geral é a possível formação de futuros cidadãos, autônomos, críticos, conhecedores de seus direitos e deveres, aptos a tomar decisões, abertos ao fator político, conscientes do mundo que os cerca e sua função nele, com habilidades motoras desenvolvidas juntamente com os aspectos socioafetivos e cognitivos.

O ensino de uma escola de Vela que atue com alunos dentro da faixa etária que enfocamos neste trabalho, e, guardadas as devidas proporções, com alunos de todas as idades, deve igualmente conter esses objetivos, pois ela exerce influência na vida de seus alunos da mesma forma que uma escola tradicional.

2. Avaliar: uma ação pedagógica fundamental

Um dos aspectos que deve ser observado na aplicação metodológica das escolas de Vela é a avaliação. Esta importante ferramenta auxilia no desenvolvimento do aluno e de todo o curso de Vela, ou seja, o docente e sua estrutura de ensino.

A avaliação é uma ferramenta fundamental, e deve estar presente em todos os momentos pedagógicos. Segundo Libâneo (1994), "a avaliação é uma reflexão sobre o nível de qualidade do trabalho escolar, tanto do professor como dos alunos"; sua importância, no entanto, vai além, pois a análise dos seus resultados pode ser utilizada para identificar as falhas e os acertos em todo o sistema de ensino.

A avaliação é, ainda, segundo Miras e Solé (1992), o procedimento de verificação do alcance dos objetivos educacionais propostos, efetuado através da coleta de informações e do ajuizamento de valor que permite chegar a uma determinada decisão. A avaliação escolar, compreendida como um componente do processo de ensino, tem como objetivo identificar a correspondência dos resultados conseguidos através de sua verificação e qualificação de acordo com as metas propostas e, desta forma, nortear a tomada de decisão sobre as atividades didáticas (Libâneo, 1994).

Podemos citar três tarefas de avaliação: a verificação, momento em que se faz a coleta de dados sobre o aproveitamento dos alunos, com a utilização dos vários instrumentos avaliativos como provas, exercícios e testes; a qualificação, quando se faz a comprovação dos resultados alcançados, confrontando-os com os objetivos e assim atribuindo conceitos ou notas; a apreciação qualitativa, que é a avaliação propriamente dita dos resultados comparados aos padrões de desempenho desejados (Libâneo, 1994).

Dentre as várias formas de avaliação, encontram-se as criadas por Benjamin Bloom, entre elas:

— a avaliação diagnóstica, que visa identificar, quando efetuada logo no primeiro contato com o aluno, os conhecimentos pré-existentes e suas necessidades, para iniciar nova aprendizagem; essa função avaliativa permite ainda, sempre que utilizada, a observação das dificuldades dos alunos e a atuação do professor, oferecendo subsídios para uma possível modificação do processo de ensino; segundo Libâneo (1994, p. 197), "a avaliação diagnóstica ocorre no início, durante e no final do desenvolvimento das aulas ou unidades didáticas";

— a avaliação somativa, que se configura pela aplicação de um juízo de valor com o objetivo de se produzir um resumo de informações, ou seja, "seria um ajuizamento final sobre a atividade, tendo por base os seus resultados" (Luckesi,s/d) e procedendo a um cálculo dos resultados de modo a identificá-los;

— e a avaliação formativa, que tem por essência a função de nortear a escolha e análise de informações com o formato descritivo sobre a aprendizagem e, desta forma, permitir a geração de condições pedagógicas que provoquem a qualidade educativa e o sucesso escolar dos alunos (Ferreira, 2004); permite gerar informações detalhadas durante todo o processo de ensino/ aprendizagem, acompanhar seu desenvolvimento e todas as ações envolvidas com esse objetivo.

Na Educação Física, o processo avaliativo tem que ser conduzido com extremo cuidado, pois o esporte e seu movimento podem privilegiar alguns alunos que dispõem de uma predisposição esportiva relacionada a seu ambiente pessoal. No esporte a Vela, por exemplo, um aluno que teve acesso a barcos poderá ter uma facilidade motora maior devido à sua cultura corporal mais desenvolvida, e assim criar uma defasagem no aprendizado do grupo.

Acredito ser de extrema importância para o processo de ensino a inclusão dos momentos avaliativos práticos e teóricos, pois se estará desta forma avaliando o aluno e seu aprendizado e identificando se está sendo alcançado o objetivo final, que é o desenvolvimento de um aprendizado sedimentado e amplo.

Capítulo IV — A pesquisa

Nas grandes batalhas da vida, o primeiro passo para a vitória é o desejo de vencer.
Mahatma Gandhi

1. Metodologia do esporte a Vela e sua eficácia no ensino do elemento vento para crianças de 7 a 11 anos

Durante minha experiência como professor de Vela, desde os anos 1980, fui observando e aprendendo a função de ensinar, inicialmente apenas como um jovem velejador interessado em transmitir a emoção de velejar para as crianças no Jurujuba Iate Clube, munido de uma apostila e do saber técnico do esporte, pois já velejava e competia há vários anos. Porém, foi apenas quando estive à frente de uma escola de Vela, fazendo uso de uma visão empresarial e profissional, que comecei a ter real necessidade e curiosidade de identificar as formas mais adequadas de transmitir o conhecimento técnico adquirido, unindo-o ao conhecimento pedagógico.

Com o passar do tempo, e somente após me aprofundar no estudo de técnicas pedagógicas, após participar de cursos de instrutor de Vela oferecidos pela Federação Brasileira de Vela e Motor — FBVM —, concluindo a Licenciatura em Educação Física na Universidade Veiga de Almeida — UVA —, e, finalmente, com a conclusão do Mestrado em Educação, Organização e Avaliação para o ensino na Universidade Trás-os-Montes e Alto Douro — UTAD —, em Portugal, fui capaz de observar a diferença que o conhecimento acadêmico e pedagógico pode fazer na relação entre a educação e o esporte a Vela.

Com isso, comecei a pesquisar o assunto e publiquei vários trabalhos que visam clarear as questões, pouco discutidas e pesquisadas, relativas ao ensino desse esporte. Com a conclusão do Mestrado, e de posse do material de pesquisa que fez parte da minha dissertação, foi possível desenvolver este livro, um desejo antigo, pois durante minhas buscas por literatura que objetivasse o conhecimento pedagógico do professor de Vela acabei por perceber a carência de bibliografia com esse teor e meta.

Na pesquisa efetuada durante o Mestrado tive o desígnio de responder quais eram as diferenças entre as metodologias e sua eficácia em relação ao ensino do elemento vento para crianças de 7 a 11 anos, entre três atores: um velejador que nunca exerceu a função de professor; um velejador que tinha experiência em aulas de Vela, mas sem conhecimento acadêmico; e um velejador formado em Educação Física. Para que a pesquisa tivesse cunho científico, foi elaborado um ambiente que permitisse condições iguais de trabalho e material humano para os três agentes escolhidos.

Três grupos de 10 crianças foram selecionados, dentre os vários candidatos, com a preocupação de formar turmas equilibradas quanto à faixa etária e ao conhecimento sobre o esporte. Os objetivos, materiais didáticos, local e estrutura de aulas e equipamentos foram iguais para os três professores. Os alunos receberam aulas durante duas horas, duas vezes por semana, e o objetivo principal era o ensino do esporte, suas ações básicas e o conhecimento e reconhecimento do vento e das direções cardiais. Os alunos foram avaliados de forma prática e teórica em vários momentos, com o objetivo de perceber as reações dos grupos às metodologias aplicadas por seus professores e sua eficácia.

Após observar as ações desenvolvidas pelos professores no dia-a-dia, com o apoio das avaliações e da pesquisa literária sobre a educação e suas ações, foi possível debater e chegar a uma conclusão sobre as diferenças e eficácia das três metodologias estudadas. Transcrevo aqui as minhas conclusões.

2. Metodologia da pesquisa de Mestrado

O esporte a Vela é uma atividade que fascina a todos que se aventuram a observar um barco que esteja por navegar apenas com a ação do vento. Secularmente, esse meio de transporte foi ensinado por um navegador experiente ao seu aprendiz, sendo seus conhecimentos transmitidos de forma técnica e sem uma ação pedagógica que objetivasse adequar o método a uma melhor relação entre ensino e a aprendizagem.

O desenvolvimento da profissão de educador físico e sua atuação em todos os campos esportivos e de atividade física permitiu que houvesse a intervenção de um profissional com experiência pedagógica e esportiva, tornando possível se observar a diferença metodológica entre o velejador experiente, o velejador com experiência em aula de esportes a vela e o professor de Educação Física que detém o conhecimento desses esportes.

A atual pesquisa buscou realizar, então, uma comparação entre os métodos de ensino de cada um. Após dois meses de observação dos três cursos de Vela aplicados por instrutores com experiências e conhecimentos didáticos diferentes, pôde-se constatar e comparar os métodos utilizados e contrastá-los com o referencial teórico que abrange tais conhecimentos.

Ao se observar os conceitos de educação citados na literatura, nos defrontamos com a afirmação de que educar é permitir a adaptação da criança ao meio social através da transformação de sua constituição psicobiológica em relação ao conjunto de realidades coletivas com as quais a consciência comum gera certo valor (Piaget, 1988).

A educação de um indivíduo deve permitir o direcionamento da atividade humana na sua analogia com o meio social, dentro de um contexto de relações sociais (Libâneo, 1994). Desta forma, a educação é o ato de tornar o ser humano consciencioso em relação aos seus deveres e direitos, como também à sua responsabilidade social, tornando-o capaz de pensar em si e em seus relacionamentos com outras pessoas, com o objetivo de tornar evidente que é impossível que o homem obtenha suas necessidades sem a interação de outros seres humanos (Gonçalves, 2008).

Conforme Gagné (1980), o ato de ensinar é originário das determinações das condições de aprendizagem e encontra significado na ação de organizar gradualmente as condições exteriores específicas da mesma, para, assim, poder observar de forma gradual as habilidades recém-adquiridas e sua fixação.

Posso afirmar que a educação e a organização das condições exteriores de aprendizagem devem encontrar amparo na metodologia de ensino utilizada para que se permita um desenvolvimento intencional e organizado e a consequente formação do caráter do aluno.

Conforme Vygotsky, citado anteriormente, o desenvolvimento do cognitivo é uma consequência do conteúdo a ser estudado através das relações que ocorrem durante o processo de educação e de ensino.

Ao considerar que a educação tem o seu processo de ensino marcado pela ação do professor e do aluno durante suas atividades — através de estudos direcionados, do aprendizado progressivo e do desenvolvimento das capacidades mentais do aluno —, pode-se afirmar que a correta condução desse processo é determinada pelo trabalho contínuo, planejado e em concordância com seus objetivos, conteúdos, métodos e organização.

Libâneo (1994) afirma que os métodos são determinados pela relação entre o objetivo e o conteúdo, e, com isso, configuram a forma de alcançar os objetivos gerais e específicos do ensino desejado. Piaget (1988) considera que a aquisição dos conhecimentos depende da transmissão educativa ou social, e essa difusão só se torna adequada com o cumprimento do planejamento, da definição de objetivos, da preparação de aulas e de seus conteúdos adequados, fatores que estão envolvidos na metodologia ou no método de ensino.

Ainda conforme Libâneo (1994), os métodos são inertes sem a compleição dos objetivos e conteúdos; a absorção dos conteúdos é condicionada aos métodos de ensino e de aprendizagem. No bojo desses métodos encontra-se a exposição oral, a demonstração, a ilustração e a exemplificação, entre outros. Libâneo prossegue ao definir a principal empreitada do professor como o ato de afiançar a unidade entre ensino e aprendizagem, por meio do processo de ensino.

Gagné (1980) afirma que a aprendizagem é efetuada no momento em que surgem as diferenças entre o desempenho anterior do indivíduo e o demonstrado por ele após receber a influência de uma situação de aprendizagem, ou seja, para se determinar a aprendizagem é necessário que ocorra uma diferença entre o conhecimento inicial e o conhecimento posterior. Skinner (1972) afirma que o ensino é responsável pela mudança de comportamento e esse fator define o aprendizado.

Com base nesses autores e em outros, esta pesquisa procurou analisar o método e o processo de ensino/aprendizagem nos três cursos ministrados. A realização de entrevistas com os candidatos e seus responsáveis, através de perguntas e de avaliação prática individual, permitiu a identificação de uma amostragem homogênea e com pouca ou nenhuma atuação no meio náutico, fatores importantes para este trabalho, como foi observado através de seis questões e seus desdobramentos, além dos exercícios práticos realizados.

A pesquisa contou com a apresentação de um plano de curso, que definia os objetivos e os conteúdos para os dois meses de duração. Esse documento, entregue aos três professores, continha os seguintes objetivos gerais: desenvolver o reconhecimento do vento e seus aspectos necessários para o esporte; administrar os conhecimentos de montagem e nomenclatura; administrar os conhecimentos de segurança; administrar os conhecimentos de velejo de través; capacitar ao velejo de través orçado e arribado; além de capacitar para o velejo em través e os movimentos de cambar e jaibe, com passagem por boias.

Considera-se que os professores obtiveram a mesma condição de tempo e material para alcançar tais objetivos, e que todos tiveram acesso às mesmas informações em relação aos conteúdos, prazos e avaliações, além de seus resultados em tempo hábil e idêntico. Destaca-se também que houve uma presença maciça de todos os alunos em mais de oitenta por cento das aulas, o que permitiu o ensino homogêneo dos alunos.

Considera-se ainda que o pesquisador não atuou sobre as práticas pedagógicas dos professores, como também não exerceu influência sobre o desenvolvimento das aulas e seus alunos. Os cursos, portanto, tiveram condições equilibradas de execução e tempo hábil de desenvolvimento.

Devido à apresentação do curso realizada pelo pesquisador para cada turma e seus responsáveis, com o objetivo de dar conhecimento sobre as condições de convívio entre os alunos, professores e estrutura do curso, foram geradas condições adequadas e esperadas para o desenvolvimento das aulas, evitando-se percalços desnecessários, que, seguramente, atrapalhariam as aulas e influenciariam o resultado da pesquisa.

3. Conclusões iniciais sobre as metodologias aplicadas

Em relação às metodologias aplicadas, concluímos que o professor de Educação Física se destacou em relação ao uso do material didático e pedagógico, pois manteve suas anotações do diário da turma sempre atualizadas e com os conteúdos realizados, e ainda fez uso de exercícios de casa e de outros materiais disponíveis de forma didática, fato que demonstra uma preocupação maior com o planejamento, prática e organização do ensino.

Ao se observar os procedimentos de segurança e domínio de turma por parte dos professores, pode-se concluir que todos seguiram os itens de segurança necessários para um bom desenvolvimento do curso; porém, quanto à atuação em relação ao ato de prender a atenção e organizar as ações da turma, conclui-se que o professor de Educação Física teve uma maior preocupação e atuação sobre esses fatores, o que possibilitou um melhor rendimento, além de uma aplicação pedagógica mais adequada em suas aulas.

De acordo com Libâneo, a educação está ligada à ação de influências e inter-relações que têm afinidade com a formação de traços de personalidade social e do caráter, que geram a compreensão de mundo, os valores, as ideias e as formas de agir que se mostram através de convicções ideológicas, políticas, de princípios morais, diante das circunstâncias legítimas e dos desafios da vida real (Libâneo, 1994).

Nesse diapasão, conclui-se que o professor de Educação Física demonstrou preocupação com o convívio social das crianças sob sua responsabilidade e efetuou ações que visavam o desenvolvimento de qualidades como, por exemplo, o companheirismo, o trabalho em equipe e a liderança, não tendo essas características sido observadas com o mesmo rigor pelos outros professores, pode-se, portanto, afirmar que o professor de Educação Física realizou ações de cunho pedagógico que se destacaram no intuito de desenvolver o caráter de seus alunos, dentro das metas estabelecidas pelos Parâmetros Curriculares Nacionais — PCN — e diversos outros documentos analisados.

Para determinar de forma plausível o resultado da pesquisa, foi elaborado um sistema de avaliação que objetivava acompanhar os alunos e dar subsídios aos seus professores em relação ao desenvolvimento do processo de ensino/aprendizagem. Foram oito momentos avaliativos, que objetivaram identificar o andamento do aprendizado do aluno em relação aos pontos determinados no plano de curso, neles incluídos um processo de avaliação diagnóstica inicial e constante, além da avaliação formativa que visava não só diagnosticar o conhecimento do aluno, como também o desenvolvimento do método do professor e sua eficácia.

Conforme Ferreira (2004), a avaliação formativa é uma das funções da pedagogia da avaliação que é norteada pela opção e apreciação critica das informações descritas no desígnio da aprendizagem e a consequente geração de condições pedagógicas que causem a qualidade da educação e o sucesso do aluno no âmbito escolar.

De acordo com Libâneo (1994), a avaliação diagnóstica deve ocorrer no início, no decorrer e na finalização do período das aulas. Durante o processo de entrevistas foram desenvolvidas avaliações diagnósticas que visavam identificar o conhecimento inicial dos candidatos e, com isso, selecioná-los de acordo com as premissas estipuladas para a pesquisa. Visto que nos primeiros dias de aula não foi possível a realização da avaliação diagnóstica inicial, considerou-se válida a avaliação efetuada por ocasião das entrevistas.

Concluiu-se que os alunos que participaram da pesquisa não possuíam o conhecimento específico do reconhecimento e entendimento do fator vento, e estavam compreendidos dentro de uma faixa etária determinada por uma condição cognitiva similar. Com isso, os cursos tiveram material humano em iguais situações de aprendizado e não houve influência deste fator sobre os resultados alcançados.

4. Conclusões sobre as avaliações realizadas

Por ocasião da primeira avaliação da pesquisa, pôde-se concluir que o contato obtido pelas crianças em seus respectivos cursos proporcionou uma alteração no conhecimento analisado na entrevista. Estava previsto no plano de curso para os primeiros dias de aula o ensino da montagem do barco e seus equipamentos, além do aprendizado teórico do ato de velejar, seus fundamentos e nomenclatura. Foi percebida uma mudança de atitude em relação ao reconhecimento de vento pelas crianças das turmas dos professores de Educação Física e de Vela, mas não da turma do velejador, deixando patente que a ação pedagógica dos professores das turmas citadas obteve melhor resultado em relação a um dos principais objetivos do curso. O mesmo aproveitamento não foi observado em relação ao reconhecimento das direções cardeais, porém esse item não constava dos objetivos específicos desse período, focado em garantir que não houvesse influência externa relativa aos pontos analisados anterior à primeira aula.

Conclui-se então que as crianças não receberam orientação externa sobre o reconhecimento e entendimento do vento, e as alterações ocorridas se deram exclusivamente pela atuação dos professores nas primeiras aulas, como se comprovou pela estagnação dos resultados do professor velejador, que não procedeu a nenhum ensino específico que desencadeasse uma mudança de atitude em relação aos pontos avaliados.

A segunda avaliação ocorreu duas semanas após o início do curso, como programado, no momento em que, de acordo com o plano de curso, deveriam ter sido desenvolvidos os principais pontos de entendimento sobre o vento, o barco, seu funcionamento e nomenclatura básica. Os resultados das três turmas oferecem subsídios para se concluir que os métodos de ensino dos professores de Educação Física e de Vela foram mais eficientes se comparados à turma do velejador. O teste determinou ainda que a turma do professor de Educação Física estava bem preparada para a avaliação.

Conclui-se, então, que o método com melhor aproveitamento pedagógico foi o aplicado pelo professor de Educação Física.

O momento avaliativo de numero três ocorreu na sétima aula, e consistiu de um novo teste teórico baseado nos conhecimentos programados para essa etapa, contendo questões sobre as nomenclaturas do barco e seus equipamentos, nomenclatura dos bordos em relação ao vento, segurança e nós de marinharia e sua funções. Os resultados dessa avaliação determinaram uma melhora do processo de ensino/ aprendizagem da turma do velejador e das turmas do professor de Educação Física e de Vela; porém, após a análise dos dados, verificou-se um aproveitamento melhor do método utilizado pelo professor de Educação Física. Conclui-se então que a metodologia desse professor demonstrou ser a mais eficaz até aquele momento.

A avaliação quatro teve a mesma ação prática da avaliação um; verificou-se o reconhecimento do vento e seu entendimento, além do conhecimento dos pontos cardeais. O resultado da análise dos dados confirmou a atuação pedagógica do professor de Educação Física, porém mostrou um resultado excelente do professor de Vela. Conclui-se, em consequência, que os métodos utilizados pelos professores em questão demonstram ser adequados para o ensino do reconhecimento e entendimento do vento.

A avaliação cinco primou pelo questionamento sobre a prática de velejar e sua nomenclatura, e traduziu de forma teórica os movimentos e ações necessárias para determinados movimentos que, conforme o plano de curso, deveriam ser de conhecimento dos alunos. Nesse momento foi percebido que houve uma pequena queda no desempenho dos alunos do professor de Educação Física em relação à turma do professor de Vela, além de uma melhora da atuação das crianças da turma do velejador; pode-se, porém, afirmar que as alterações foram pequenas e que essa avaliação demonstrou uma diminuição do crescimento cognitivo alcançado pelos alunos nos testes anteriores. Concluiu-se que ao se iniciar a fase com maior atenção devotada à prática do velejo, os professores deixaram de efetuar a ligação entre a prática e a teoria, fator que permitiu o ensino com maior teor mecânico sem o acompanhamento do entendimento teórico da ação.

A avaliação seis solicitou o conhecimento teórico dos alunos relativo aos aspectos atualizados dos conteúdos administrados e dos ensinados no início do curso, com a clara intenção de identificar o aprendizado global. Os resultados obtidos determinaram uma acomodação dos conhecimentos adquiridos pela turma do professor de Vela e uma retração do desempenho das turmas do velejador e do professor de Educação Física, vindo a confirmar a tendência da preocupação do ensino prático em detrimento do teórico. Conclui-se que esse momento avaliativo identificou uma preocupação com o desenvolvimento prático, com o objetivo de preparar os alunos para a avaliação prática final do curso. Destarte, houve um decréscimo no desempenho cognitivo dos alunos.

A sétima avaliação voltou-se para o teste prático do reconhecimento e entendimento do vento e dos pontos cardeais, da mesma forma que as avaliações um e quatro. Os resultados alcançados permitiram observar a solidificação dos conhecimentos do aprendizado em relação a eses fatores, além de uma melhora sensível dos alunos da turma do velejador. Conclui-se, então, que tais elementos da aprendizagem fizeram parte ativa das aulas, e este fato determinou um crescente desenvolvimento cognitivo e sua fixação.

O último dia da pesquisa de campo foi preparado principalmente para a avaliação final, que teve por objetivo a identificação prática dos conhecimentos dos alunos em relação aos objetivos do curso. O procedimento efetuado permitiu identificar se os alunos conseguiam efetuar a velejada em rumos variados em relação ao vento de través, além da execução da manobra jaibe e do contorno de obstáculos. Após a análise dos dados gerados, observou-se que os alunos da turma do velejador tiveram um rendimento de regular para bom, e seus companheiros de curso das turmas do professor de Educação Física e de Vela alcançaram proveitos mais adequados, com leve superioridade da turma do professor de Educação Física em relação à turma do professor de Vela, que obteve resultados classificados entre bom e muito bom. Pode-se concluir que os métodos utilizados pelos professores dessas turmas prepararam melhor seus alunos.

5. Conclusões finais da pesquisa

Tendo em vista todo o processo observado durante os dois meses de pesquisa de campo e, particularmente, a verificação da atuação metodológica dos professores e do rendimento cognitivo e prático de seus alunos, com o objetivo de analisar se os três grupos alcançaram a meta dos cursos, que visavam o desenvolvimento do reconhecimento do vento e seus aspectos necessários para o esporte, tais como os conhecimentos de montagem e sua nomenclatura, de segurança, do velejo de través, do velejo de través mais o orçado e arribado, das manobras cambar e jaibe, com passagem por boias, e no intuito de responder a questão principal da pesquisa, que visava identificar as diferenças entre as metodologias dos cursos básicos de Vela lecionados por desportistas e por professores de Educação Física no tratamento do ensino do elemento da natureza vento para crianças de sete a onze anos, e qual a mais eficaz, pode-se concluir que:

    1. O método usado pelo velejador com função de professor do grupo de controle, único sem conhecimento e nem prática de ensino, foi pautada no conhecimento prático e repetitivo que resultou no aprendizado mecânico, com baixo rendimento de apreensão cognitiva e consequente desempenho inferior, atrelado a um sentimento de insegurança dos alunos;

    2. A aplicação didática efetuada pelo velejador e professor de Vela com experiência de ensino em escola de Vela, profissional que não detém conhecimento acadêmico, primou por uma forte ação de prática do velejo, porém, acrescida de um método mais apurado e preocupado com a segurança e o conhecimento teórico necessário, fato que permitiu a seus alunos um rendimento muito próximo ao alcançado pelo professor de Educação Física;

    3. A metodologia aplicada pelo professor de Educação Física, único professor convidado com formação acadêmica, foi acompanhada de conhecimentos práticos e teóricos que priorizaram a prática de velejar sem impedir a adição de elementos pedagógicos importantes na construção do caráter do aluno. O processo de ensino/ aprendizagem foi realizado de forma mais planejada, pautada na segurança e na progressão pedagógica, além de serem utilizados instrumentos didáticos criados pela escola de Vela e pelo próprio professor.

    Conclui-se, em consequência, que os métodos utilizados acarretaram, em todas as turmas, o aprendizado do ato de velejar, porém com distinções de rendimento. As metodologias apresentadas permitiram alcançar os objetivos do plano de curso e evidenciaram que a experiência da ação de ensinar, mesmo sem o acompanhamento acadêmico, permite a realização da educação com uma sensível eficácia.

Com base no referencial teórico, nas observações de campo e nas avaliações efetuadas, fica claro que o desempenho dos métodos aplicados pelos três atores no ensino às crianças, incluídas na faixa etária de sete a onze anos, permite obter o conhecimento do ato de velejar, porém com diferentes resultados cognitivos e emocionais.

A pesquisa gerou informações que possibilitam afirmar que o método aplicado pelo grupo do velejador foi carente de ações didáticas que proporcionassem a suas crianças um aprendizado completo do ato de velejar e o conhecimento e entendimento do vento; com isso, foi o método menos eficaz.

A atuação metodológica do professor de Vela permitiu um aprendizado embasado na prática e em conhecimentos sobre o funcionamento da vela e a atuação do vento nesse equipamento, o que privilegiou a compreensão e prática do ato de velejar com maior eficiência, porém, sem proporcionar um aproveitamento dos momentos didáticos para beneficiar suas crianças com a aprendizagem de conceitos necessários para uma atuação cidadã no seio da sociedade em que os alunos estão inseridos.

A ação didática do professor de Educação Física garantiu um excelente aproveitamento do processo ensino/ aprendizagem, com a inclusão de ações pedagógicas importantes e atreladas à função do educador, e, consequentemente, realizou um ensino mais completo e preocupado com os objetivos gerais do ensino, fato que garantiu uma formação global dos alunos.

Finalizamos com a afirmação de que o método mais eficaz e evidenciado do ensino do vento e suas atuações perante o esporte a vela foi o do professor de Educação Física, seguido muito de perto pelo professor de Vela sem conhecimento acadêmico, em detrimento do método utilizado pelo velejador do grupo de controle.

Capítulo V — A proposta de metodologia de ensino

O campo da derrota não está povoado de fracassos, mas de homens que tombaram antes de vencer.
Abraham Lincoln

Com base na experiência no ramo de escola de Vela, na pesquisa científica elaborada, e em especial no curso de instrutor de Vela apresentado pela professora de Educação Física Fabiana Ferle Scarrone, que me premiou com muitos conhecimentos e ideias, venho propor uma metodologia de ensino com o objetivo de ser um guia e um auxílio, que não pode ser considerado a única luz sobre o assunto e nem tem o objetivo de servir de receita de bolo, pois isso não existe.

1. Metodologia de ensino do esporte a Vela

Durante os anos em que me dediquei ao estudo desse esporte, dois livros foram muito importantes, e aconselho que os professores e demais profissionais envolvidos com escolas de Vela os leiam: *Navegar é fácil* e *Velejando dos 8 aos 80*, de Geraldo Luiz Miranda de Barros. Esses dois grandes livros me auxiliaram demasiado durante meus estudos e o desenvolvimento pedagógico das aulas em minha escola de Vela. O livro *Velejando dos 8 aos 80*, já em segunda edição publicada em 2005, é um dos trabalhos mais completos que tive a oportunidade de ler, e nele qualquer professor encontrará informações e material para desenvolver qualquer curso de barco a vela, além de dar subsídios mais que suficientes para a produção de material didático. O livro *Navegar é fácil* é, de longe, o livro mais adequado para quem quer adquirir os conhecimentos necessários para obter sucesso nos exames de habilitação para Mestre-Amador, Arrais-Amador e Veleiro, além de ser o livro recomendado pela Diretoria de Portos e Costa do Comando da Marinha.

Para se exercer a função de professor de Vela, é indiscutivelmente fundamental que se tenha o conhecimento prático do esporte, o embasamento teórico de todos os conteúdos envolvidos e, principalmente, o conhecimento acadêmico e pedagógico necessário para o desenvolvimento de uma boa aula, além de estar sempre pesquisando e atento às novidades do esporte para, então, poder contribuir com a formação de velejadores autônomos e conhecedores do esporte. Lembramos que o esporte a vela tem uma importante função social e pode se tornar um estilo de vida; o aluno poderá chegar a ser dono de uma embarcação de grande porte e com capacidade de navegação transoceânica, e mesmo nos casos mais comuns, os novos velejadores estarão de posse de um veículo náutico.

Os cursos de Vela, tanto no que tange aos barcos como ao *windsurf* e ao *kitesurf*, têm suas particularidades, porém a maior parte dos pontos abordados segue os mesmos princípios, seja qual for a proposta de ensino. É importante reconhecer que existem vários produtos oferecidos aos alunos, e em alguns deles, devido à sua curta duração, é inviável uma ação didática mais completa. A forma de se desenvolver seus aspectos principais, no entanto, deve sempre enfatizar os pontos-chave e seu conteúdo primordial, como o conhecimento do vento, a segurança e o velejar consciente e autônomo. Quando faço tal afirmação, meu objetivo é alertar sobre a existência de cursos que visam apenas um conhecimento geral do uso do equipamento, preparando utilizadores de embarcações e não velejadores.

Por isso existem velejadores que mal sabem escolher o material adequado para as condições meteorológicas que encontram, que dirá a melhor forma de velejar e a rota adequada para as condições que se apresentam. Como podemos esperar que o esporte seja mais divulgado e elegido pelos brasileiros, se oferecemos cursos tão mal estruturados e como consequência uma série de utilizadores de embarcações sem autonomia e sem consciência, aumentando a incidência de imprevistos e acidentes náuticos.

Existem ainda vários professores de Vela que dão grande ênfase ao esporte-competição, uma forma de ver o ensino — de qualquer esporte — que acarreta a exclusão de boa parte dos alunos e um sentimento negativo em relação ao esporte praticado. O resultado é a crescente evasão da prática esportiva. Isso não quer dizer que não devemos oferecer e ensinar a competição aos alunos, pelo contrário, a competição é inerente ao homem e está presente desde cedo no comportamento das crianças. As aulas devem apenas evitar ter como foco principal a competição, enfatizando a motivação da prática da Vela pelo grande prazer que ela proporciona e proporcionará na vida do aluno; isso possibilitará maior adesão e uma consequente menor evasão do esporte.

A competição, principalmente para as crianças mais novas, deve ter um caráter lúdico e envolver a ideia de que competir é mais uma forma de velejar e de auxiliar seu desenvolvimento pessoal no esporte.

A seguir iremos abordar uma metodologia que poderá ser avaliada e formatada para as diversas possibilidades de cursos, desde os mais curtos até os mais longos. Durante a apresentação desta proposta iremos salientar os pontos fundamentais que devem fazer parte de qualquer curso de Vela. Meu foco, todavia, será no curso maior e mais completo, geralmente realizado embarcações normalmente utilizadas como barco-escola (Optimist, Dingue e Laser) ou similares.

2. Planejamento de curso e aulas

O planejamento do curso e das aulas é importante, mesmo que seja para um curso de pequena duração, pois permite a criação de uma estrutura mais adequada de aula com objetivos, conteúdos e estratégias. De acordo com Libâneo (1994), planejar não é apenas uma ação de preenchimentos de formulários com o objetivo de formalizar um controle administrativo; podemos afirmar que o planejamento é uma atividade consciente, que permite prever as ações do professor, e, igualmente, uma reflexão sobre as opções e atitudes docentes.

Lembro que o plano de curso, também conhecido como: plano de ensino ou plano de unidades, tem a característica de planejar todo o curso conforme sua duração. Uma das formas de planejamento de curso que considero de simples entendimento e preenchimento tem alguns poucos itens. Na sua parte inicial, contém algumas informações importantes, como identificação da escola de Vela, período de duração total do curso, nível do curso — por exemplo, iniciante ou avançado —, faixa etária a que se dirigem as ações do curso, número total de aulas, e carga horária total. Em seguida, devemos fazer uma breve justificativa da forma como foi montado o curso e seus benefícios para o aluno. Na sequência, temos a determinação dos objetivos gerais do curso, ou seja, o que desejo que o aluno aprenda após nossa intervenção.

Uma vez concluída essa parte importante, deve-se abordar as avaliações, como, por exemplo, que tipo de avaliação será feita, qual o objetivo dessa avaliação, como serão formulados os resultados e que instrumentos serão utilizados.

Finalizando essa fase inicial do plano, iremos para a parte principal e mais trabalhosa. Essa etapa deve estar dividida em quatro tópicos: unidade, número de aulas, objetivo específico, estratégia e conteúdo.

A unidade trata da divisão por objetivos de ensino, ou seja, a prática de ensinar a velejar tem muitos objetivos específicos, alguns mais complexos que outros e, desta forma, demandando maior ou menor quantidade de aulas ou momentos didáticos para alcançar aquilo a que se propõe.

Lembro que objetivos específicos são aqueles que temos que atingir para chegar ao objetivo principal, por exemplo, a montagem do barco e seus equipamentos, a teoria básica do ato de velejar, seus fundamentos e nomenclatura. A abordagem específica permite ao aluno aprender a velejar com autonomia e consciência.

O último tópico analisa o conteúdo que se deve transmitir para que seja possível atingir o objetivo específico da unidade; por exemplo, em relação ao objetivo citado, teríamos os seguintes conteúdos: aulas teóricas sobre o funcionamento da vela, do vento, montagem do barco e conhecimentos dos equipamentos e nomenclatura; funcionamento do vento na vela; forças que atuam sobre o barco em movimento; funcionamento da bolina; identificação do vento e sua direção; pontos cardeais e direções relativas.

Planejar, porém, não é suficiente; para obter o melhor resultado é importante o desenvolvimento de cada um desses momentos didáticos e cada aula tem uma situação específica que deve ser analisada com cuidado e atenção. Colocamos o objetivo desse momento pedagógico, em seguida inserimos os conteúdos que serão abordados, informando que estratégia usaremos para transmiti-los e que atividades serão desenvolvidas com esse objetivo.

O planejamento pode ainda incluir informações sobre o professor responsável e em que data o plano foi concebido ou completado.

3. Formação das turmas de alunos

Ao formar os grupos de alunos devemos tomar alguns cuidados importantes, como por exemplo, evitar ao máximo misturar crianças com faixas etárias distintas, devido às diferenças cognitivas e de conhecimentos preconcebidos que poderiam prejudicar o rendimento. Se colocarmos crianças de 8 a 11 anos, que estão na fase lúdica e com pouca capacidade de concentração e abstração, junto a crianças mais velhas, teremos reações diversas no processo de ensino/ aprendizagem e uma consequente desigualdade de desempenho no grupo.

Quando formamos turmas de adultos cuidados idênticos devem ser observados, acrescidos nesse caso dos fatores preparo físico e adequação de equipamentos.

Devemos então, nos preocupar com o potencial educativo do grupo de alunos e, na medida do possível, adequar as turmas por idade e maturidade física e cognitiva. Para isso é recomendável ter conhecimento das fases do desenvolvimento cognitivo descritas por Piaget, grande cientista e pesquisador da capacidade humana de aprender.

Para que o leitor entenda melhor cada fase e suas influências e capacidades, adotarei a tabela desenvolvida por Gallahue e Ozmun (2001, p. 49 *apud* Haetinger & Haetinger, 2008, p. 33).

A aprendizagem do esporte a vela por crianças de idades inferiores a sete anos traz poucas vantagens devido à sua incapacidade de lidar com os fatores necessários para o aprendizado consolidado do esporte. Ensinar a uma criança dessa idade é válido apenas se levarmos em consideração uma experiência náutica extremamente lúdica, sem preocupação com o aprendizado dos fatores fundamentais para os alunos mais velhos, como por exemplo, a atuação do vento sobre a superfície da vela. Em minha prática pedagógica aulas para crianças de menos de sete anos devem ser transformadas em uma brincadeira na qual o aluno se diverte fazendo o barco andar sobre a água, mas para que isso aconteça sem provocar traumas a vivência tem que ser feita em condições especiais de segurança, como, por exemplo, ventos não superiores a cinco nós, pouca ou nenhuma onda e constante proximidade do professor com o aluno.

Tabela Gallahue e Ozmun

Fase	Características	Faixa Etária (Aprox.)
1. Sensório-motor	O bebê constrói o significado do seu mundo pela coordenação de experiências sensoriais com o movimento.	Do nascimento aos 2 anos.
2. Pensamento Pré-operacional	A criança pequena demonstra crescente pensamento simbólico pela ligação de seu mundo com palavras e imagens.	De 2 a 7 anos.
3. Operações Concretas	A criança raciocina logicamente sobre eventos concretos e consegue classificar objetos de seu mundo em vários ambientes.	De 7 a 11 anos.
4. Operações Formais	O adolescente é capaz de raciocinar logicamente e de maneira mais abstrata e idealista.	De 11 anos em diante.

A relação da faixa etária com a iniciação do aluno nesse esporte é de grande importância, e deve ser tratada com enorme cautela, pois é preferível não iniciar a criança no esporte para que ela tenha vontade de começar na idade mais adequada. Um exemplo dessa relação é a idade mínima permitida nas competições do barco Optimist, reconhecido mundialmente como a melhor embarcação-escola e uma das classes de barcos mais organizadas do mundo: oito anos, o que comprova que antes disso o aluno não está apto a velejar em competições, mesmo que seja na categoria estreante, composta por velejadores com menos de um ano de participação.

Podemos observar ainda que, de acordo com os estudos

de Piaget, os alunos com idades entre sete e onze anos estão na fase em que precisam lidar com o concreto, visível e palpável; são crianças com uma maior dificuldade de apreender, por exemplo, o vento, que é invisível e demanda uma maior sensibilidade sensorial e capacidade de lidar com o abstrato. Nesses casos, o curso de Vela deve propiciar a aquisição das habilidades mais básicas do esporte, sem sobrecarregar os alunos com muitas informações. Sempre que houver a necessária parte teórica, esta deve ser seguida de uma aplicação prática que torne a experiência divertida e atraente para o aluno.

Nessa mesma linha de pensamento, posso afirmar que os adolescentes acima de onze anos já apresentam condições de desenvolvimento cognitivo e motor para receber todos os ensinamentos necessários para um bom aproveitamento dentro do esporte, o que torna a aprendizagem mais fácil e possibilita o ensino de fatores mais complexos como aerodinâmica e hidrodinâmica, além do reconhecimento e melhor entendimento do vento.

Um dos fatores de grande importância a ser sempre observado e respeitado em todos os momentos é a individualidade biológica de cada aluno, que é o resultado da interação do fenótipo — características observáveis de um organismo — com o genótipo — informações hereditárias desse organismo. Cada aluno, seja qual for sua idade ou sexo, tem sua identidade biológica única e seu conhecimento e desenvolvimento motor próprios, como também sua capacidade única de relação social.

Desta forma, os professores e escolas de Vela devem agir com cautela e consciência ao formar suas turmas, mesmo que sejam de apenas dois alunos. As aulas particulares de Vela reduzem consideravelmente as dificuldades de ensino em grupo, devido à proximidade do professor com o aluno e a consequente adaptação do curso às necessidades e capacidades individuais.

4. Tipos de cursos e aulas

Os cursos de vela devem se adaptar ao seu objetivo e às necessidades dos clientes; os cursos de curta duração, por exemplo, só serão eficientes se forem efetuados através de aulas particulares ou com grupos de no máximo dois alunos por professor, o que forma torna possível realizar cursos de oito horas de duração para qualquer aluno — uma proposta interessante pela possibilidade de se moldar ao viés turístico.

O curso de oito horas pode ser realizado em três ou quatro dias seguidos ou em dois fins de semana, não necessariamente consecutivos, porém sem que haja mais de três semanas entre um e outro, visto que um tempo superior pode causar um decréscimo muito grande no conhecimento transmitido, resultando num desempenho aquém das possibilidades. Nesse modelo de curso o objetivo principal é transmitir o conhecimento do vento e seu funcionamento, as forças que atuam sobre o barco, os ângulos de velejo em relação ao vento, a montagem e desmontagem do barco com sua nomenclatura básica, funcionamento dos equipamentos principais, segurança, meteorologia básica, saída e chegada em terra, entre outros.

Os ensinamentos nesse tipo de curso devem ser transmitidos em terra através da exposição teórica, usando o mínimo de tempo possível, o restante sendo explorado durante a prática de velejar. Um curso básico como este, onde o aluno é principiante, não deve incluir uma grande quantidade de aulas práticas de contravento e popa, pois o tempo é curto para isso; é importante dar ênfase à manobra cambar por davante e ao comando do leme e da escota utilizando o bordo de través, que é mais seguro e estável. Normalmente, apenas nas duas horas finais do curso se deve treinar o velejo em contravento e popa.

Para que o curso de Vela seja completo, deve ter pelo menos três meses de duração com pelo menos trinta e seis horas de aula em cada nível de conhecimento, básico ou avançado. Nesse modelo o professor terá tempo suficiente para administrar o conhecimento de forma contínua e consistente, podendo ainda transmitir conteúdos não ligados diretamente aos conhecimentos da prática do esporte à Vela, mas aos conhecimentos fundamentais da vida, como a relação com a saúde, o meio ambiente e a cidadania. O conhecimento deve ser trabalhado com atenção, cuidado com a progressão pedagógica e constantes avaliações de todo o sistema de ensino/ aprendizagem.

As aulas podem ser classificadas em teóricas, práticas e teórico/ práticas, ou seja, deve-se iniciar uma aula, em qualquer tipo de curso, de forma que os conhecimentos iniciais sejam transmitidos através de teoria, mas já acompanhados da utilização de equipamentos e materiais didáticos, como, por exemplo, o quadro branco, birutas, computadores, GPS, anemômetro ou uma simples folha de papel capaz de mostrar a ação do vento sobre duas superfícies quando sopramos nelas, conforme acontece com a superfície da Vela sob a ação do vento. O conhecimento teórico se torna mais sedimentado quando associado à experimentação prática.

As aulas práticas são parte importante no aprendizado de qualquer esporte, e é através delas que trabalhamos, entre outras coisas, o sentimento de satisfação do aluno em relação ao ato de velejar. Devem ser acompanhadas de momentos teóricos, porém com um enfoque lúdico e não corretivo, pois o aluno não deve se sentir cobrado e sim incentivado a fazer certo. São aulas importantes e devem ser desenvolvidas progressivamente durante o curso, porém, com o cuidado de não permitir ao aluno distanciar-se da teoria para se concentrar na prática: um não pode seguir sem o outro, e sem o aprendizado teórico e prático de como um barco veleja, o esforço resultará na formação de um utilizador de barcos, não de um iatista.

As aulas teórico/ práticas, incluem, por exemplo, o aprendizado da montagem do barco e sua nomenclatura. É importante observar que as embarcações a vela que encontramos espalhadas pelo país não têm o mesmo formato de montagem devido às alterações feitas pelos donos e as constantes evoluções dos equipamentos; então, quando montamos um Dingue de vinte anos atrás estaremos utilizando um equipamento diferente do

Dingue atual. Devemos ensinar para que serve cada equipamento, pois as partes do barco podem ser montadas de mais de uma forma mantendo a mesma funcionalidade. Nesses e em outros momentos exploramos a ligação imediata do exposto teoricamente com sua utilização prática.

Lembramos que as aulas apenas expositivas devem ser utilizadas minimamente, e apenas quando extremamente necessárias.

5. O conhecimento e reconhecimento do vento

Uma embarcação a vela, seja ela qual for, tem como ponto fundamental a relação do vento com o homem e a vela, o que torna fundamental que o aluno venha a conhecê-la e ao próprio vento de forma cognitiva e sensorial. Um aprendizado consolidado das relações entre o homem e o vento, e entre o vento e a vela, é, inclusive, um item de segurança, pois pode evitar, por exemplo, que o velejador vá ao mar sem ter totais condições de segurança e conhecimento das condições do vento.

Quando o professor perguntar como o vento atua sobre a superfície da vela resultando no movimento do barco — ou, como afirma Bourdeaux (1967, p. 9), ao se elaborar a questão "cómo y por qué avanza el velero", ou seja, por que e de que forma o veleiro navega —, todo mundo responderá que o vento empurra o barco. Isso acontece com alunos iniciantes de qualquer idade, o que confirma a necessidade de atenção especial devotada ao ensino do conhecimento e reconhecimento do vento e sua ação.

Qualquer curso, de maior ou menor duração, deve priorizar o ensino do conhecimento e reconhecimento do vento e sua relação com a vela e com o velejador. Uma explicação inicial que deve ser dada é sobre o que é o vento, ou seja, devemos fazer com que as crianças percebam, mesmo com sua dificuldade em relação ao pensamento abstrato, que o vento é o ar em movimento e por isso é invisível ao olho humano, porém perceptível de forma sensorial. É igualmente fundamental que se desenvolva uma forma visível de se demonstrar a ação do vento sobre a vela, visto que as crianças de sete a onze anos não conseguem apreender o que não é concreto ou palpável.

Uma das formas de se resolver isso é utilizando uma folha de papel colocada em frente à boca: podemos soprá-la em suas duas faces, demonstrando de forma visível a atuação do vento sobre as superfícies da vela. A folha de papel comum deve ficar bem próxima à boca, de duas formas diferentes: encostando-a no lábio inferior, ao soprá-la o professor demonstrará a força de sustentação, ou seja, a força que passa pela superfície de trás da vela, como na Figura 15.

Na figura 16, ao colocar a folha encostada no lábio superior e exercer a mesma força de sopro, o professor demonstrará a ação do vento na superfície frontal da vela, ou seja, o aluno perceberá a ação da força de empuxo do vento.

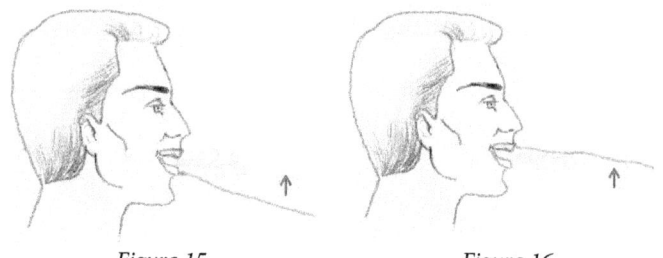

Figura 15   *Figura 16*

Essa simples ação de demonstração torna visível a ação de um elemento da natureza invisível ao olho humano na sua forma natural. Verifica-se também qual das duas forças atuam de forma mais eficiente na superfície da vela, pois assoprando com a mesma intensidade nas duas faces iremos observar que a face superior do papel, que equivale à superfície de trás da vela, irá se elevar mais do que quando o papel é soprado pela sua face inferior.

Em um curso de curta duração se pode utilizar esse

tipo de demonstração, de rápida execução e fácil compreensão, porém nos cursos de duração mais extensa devemos procurar formas adicionais de dar aos alunos o conhecimento e reconhecimento do vento, principalmente aos que estão na faixa entre sete e onze anos. A utilização de fumaça, como a de um fósforo recém-aceso, pode demonstrar a existência do vento e sua ação. Todos os métodos e materiais possíveis com o objetivo de demonstrar a ação do vento e sua existência são válidos para permitir um maior entendimento sobre esses fatores primordiais para a navegação.

Após demonstrar a ação do vento aos alunos, de qualquer idade, deve-se iniciar o desenvolvimento da percepção sensorial, pois tal habilidade permite o reconhecimento do vento e de sua direção com maior consciência e eficácia. Qualquer embarcação a vela navega em ângulos com o vento e tem sua forma distinta de reação. Por exemplo, quando velejamos em um ângulo de 45 graus em relação à direção do vento temos reações do barco diferentes do que quando navegamos em um ângulo de 90 ou 160 graus.

Por esse motivo é importante que o aluno seja treinado para reconhecer a direção do vento sem necessitar ter uma biruta a bordo, o que nem sempre acontece. O reconhecimento sensorial do vento trará uma resposta instantânea às necessidades da velejada e permitirá que o aluno assuma a postura e ação adequadas para a situação, diminuindo o risco de acidentes, como a batida da retranca na cabeça do aluno.

Um exercício sensorial que tem grande aceitação por parte dos alunos ocorre em local aberto e em dias com ventos de intensidades variadas. Solicita-se ao aluno que tente apontar a direção do vento, e quando em grupo todos devem apontar ao mesmo tempo. Após recolher as impressões dos alunos devemos debater as divergências e tentar identificar se houve algum auxílio externo para a identificação. Depois de efetuar o exercício em diversos dias, com intensidades de vento diferentes, pode-se realizar outra atividade que consiste em vendar os alunos em local ausente de vento e depois levá-los para o local aberto, onde solicitamos que apontem para a direção do vento.

Esse exercício serve também no auxílio do reconhecimento dos ângulos de velejo em relação à direção do vento e sua nomenclatura. Quando solicitamos aos alunos, por exemplo, que andem de través, isso significa que devem andar num ângulo de 90 graus com o vento, ou seja, com o vento batendo em seu braço e ombro.

É também função do professor criar e aprimorar exercícios que possibilitem o aprendizado adequado de todos os conteúdos que seu curso solicita. Deve ainda, sempre que possível, principalmente em cursos de maior duração, desenvolver atividades de pesquisa e passar trabalhos de casa que atuem como complemento aos conhecimentos transmitidos em aula.

6. Ação do vento nas superfícies da Vela

Uma vez obtido o conhecimento e reconhecimento do vento, devemos iniciar o ensino do funcionamento da vela em relação às forças que atuam sobre ela. Abordamos a ação do vento mostrando a atuação das forças de sustentação e empuxo, e ao mesmo tempo o funcionamento da biruta e suas diversas utilidades e funções.

É importante que o aluno perceba que a vela, quando está bem posicionada em relação ao fluxo de ar, gera o desvio desse vento e assim produz as duas forças acima descritas, como se pode ver na Figura 17.

Figura 17 - Força de empuxo

Essas forças ocorrem devido à diferença de pressão gerada pelo vento nas duas partes da vela, ou seja, a sotavento temos uma região de baixa pressão atmosférica, com o fluxo de ar mais veloz, e a barlavento uma região de alta pressão, com uma menor velocidade do fluxo de ar.

Um equipamento que permite a visualização da condição do vento nas duas superfícies da vela é conhecido como Biruta da Vela e fica preso próximo ao mastro nas duas faces da mesma. É composto de filetes leves, como lã ou uma fita do tecido denominado Dacron, utilizado na vela balão, entre outros usos, como podemos ver na Figura 18.

Biruta é também o nome de outro equipamento que serve para mostrar a direção do vento e pode ter vários formatos e mecanismos diferentes, como mostram as Figuras 19 e 20.

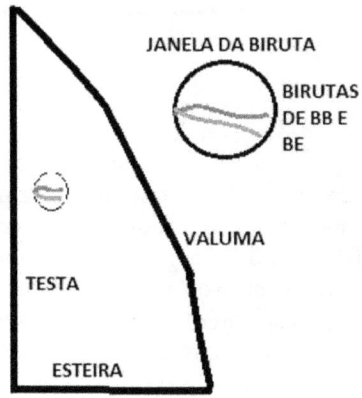

Figura 18 - Biruta de Vela

Figuras 19 e 20 - Birutas

Devemos utilizar o máximo possível de formas e exemplos visíveis do funcionamento da vela em relação ao vento e sua biruta. Um dos equipamentos utilizados é um minitúnel de vento: através de uma tampa transparente pode-se ver como o vento, que fica visível por causa da fumaça, atua na superfície curva de uma vela, que nesse caso é rígida, como se pode ver no exemplo da Figura 21.

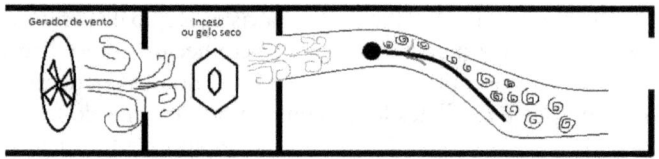

Figura 21

O túnel é fechado em todos os lados, com um visor na parte superior para que se possa observar o que ocorre dentro dele. O interior é dividido em três seções que se comunicam entre si. Na primeira seção colocamos um gerador de vento, como, por exemplo, um secador de cabelo; na segunda, um elemento formador de fumaça, como um incenso ou gelo seco; e na terceira colocamos uma estrutura rígida, porém móvel, o que permite a mudança de posição da vela, no formato de um mastro, seguido da superfície da vela.

Além dos já existentes, o professor deve criar e desenvolver equipamentos que possam tornar visível o que é invisível a olho nu, pois isso facilita o aprendizado, principalmente de crianças.

Em seguida analisaremos quatro situações básicas do posicionamento da vela em relação à direção do vento.

1. A vela com ângulo muito fechado em relação à direção do vento, ou seja, vela muito caçada, produz a diminuição da eficiência da força de sustentação, gerando turbulência na parte de trás ou sotavento da vela. Isso gera a redução da velocidade do barco e o aumento da pressão do vento sobre o equipamento. Lembramos que a força de sustentação é mais ativa do que a

força de empuxo, e nesse caso é esta força que estará sendo prejudicada. Pode-se observar que a biruta de boreste fica desorientada, enquanto a de bombordo fica normal. Ver Figura 22.

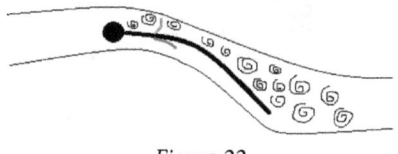

Figura 22

2. A vela com ângulo perfeito em relação ao vento permite que as forças de sustentação e empuxo alcancem sua máxima potência, gerando toda força do vento possível sobre a vela. As birutas de boreste e bombordo ficam mostrando o sentido em que o vento está se deslocando sobre a superfície de vela. É importante salientar que esse equipamento sofre influência da movimentação do barco, seu balanço e turbulências normais relativas às alterações de direção do vento e do barco. Ver Figura 23.

Figura 23

3. A vela com ângulo muito aberto em relação à direção do vento, ou seja, vela muito folgada, produz a diminuição da eficiência da força de empuxo gerando turbulência, inicialmente próximo do mastro, onde a biruta de bombordo fica desorientada enquanto a biruta de boreste fica normal. Isso gera o movimento de panejar da vela, ou seja, o inflar e desinflar da superfície quando o material da vela permite essa ação, e com isso ocorre a redução da velocidade do barco com a diminuição da pressão do vento sobre o equipamento. Lembramos que a força

de sustentação é mais ativa que a força de empuxo e nesse caso esta força é pouco prejudicada. Esta é a melhor forma de reduzir velocidade ou retirar força do vento sobre a vela. Ver Figura 24.

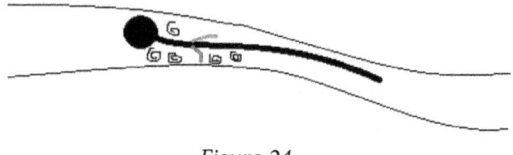

Figura 24

4. Vela solta e panejando, como se fosse uma bandeira. Dessa forma não existe a ação das forças de sustentação e empuxo gerando a paralisação da velejada, e se estiver dentro da água o barco ficará a deriva. As birutas nesse momento seguem a direção do vento e da vela, ficando desorientadas nas panejadas da vela. Ver Figura 25.

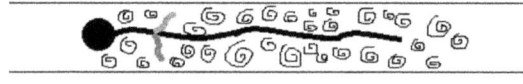

Figura 25

7. Formas de barcos, cascos e velas

Quando temos tempo de aula para isso, é interessante que sejam explorados os tipos de velas, barcos e fundos, pois dessa forma o aluno poderá entender melhor o que será explicado em relação ao sistema de forças. Abordarei então este assunto, exemplificando com imagens. Inicio com uma breve explicação sobre os tipos de barcos e suas características gerais, sem entrar em detalhes, pois este trabalho está relacionado ao nível básico de ensino do esporte.

Monocasco é o barco apoiado em apenas uma base flutuante; esse tipo de barco tem uma maior necessidade de deslocamento de água para navegar, ou seja, gera mais atrito e arrasto, sendo ainda uma embarcação menos estável, porém com grande facilidade para manobras como, por exemplo, o cambar. Figura 26.

Outro tipo de barco é o catamarã, que tem duas bases flutuantes estreitas em relação ao monocasco, permitindo ao barco uma menor necessidade de deslocar água para navegar e desta forma menos atrito; tem uma estabilidade maior, porém maior dificuldade na para as manobras, como se pode ver na Figura 27.

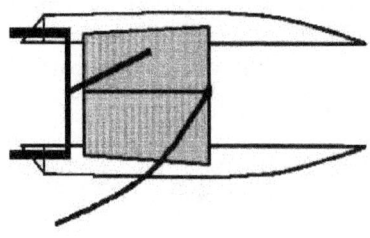

Figura 27

O terceiro tipo de barco é uma mistura dos formatos anteriores, uma embarcação com um formato do casco principal mais afinado em relação ao monocasco e com dois apoios laterais que geram maior estabilidade; seu atrito em relação à água é maior do que o do catamarã e menor do que o do monocasco, e sua capacidade de manobras igualmente fica no meio termo entre os dois na maioria dos casos, como podemos ver na figura 28.

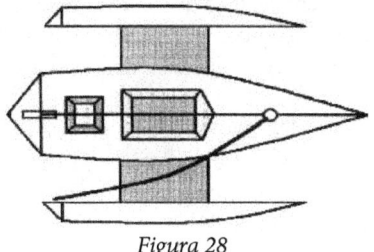

Figura 28

Os tipos de fundo de casco, pelo menos nos principais e

mais conhecidos barcos a vela, são o fundo redondo e de canto vivo. O de canto vivo (Figura 29) tem a característica de ser um casco que permite o planeio, porém isso só acontece em grandes velocidades e condições específicas; é um formato mais antigo, porém ainda utilizado na construção naval de hoje. Seu desenho gera maior atrito e necessidade de deslocamento de água para boiar e navegar. O casco de fundo redondo (Figura 30) produz maior flutuabilidade e menor atrito em relação ao de canto vivo, sendo o projeto mais utilizado atualmente; em muitos barcos, no entanto, acabamos por observar uma mistura dos dois fundos, com partes do casco com fundo redondo e parte de canto vivo, pelo menos na concepção geral.

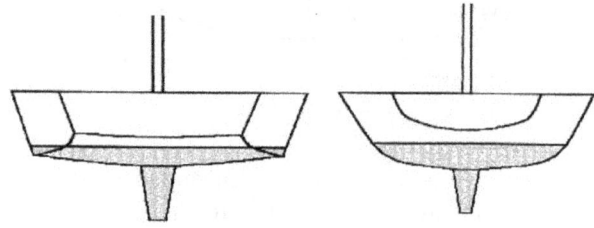

À esquerda, Figura 29, à direta, Figura 30

Deve-se ainda explicar ao aluno a diferença entre bolina e quilha e utilizar desenhos que permitam sua visualização. O casco de quilha foi desenhado para produzir a ação da bolina, ou seja, o atrito lateral em relação às forças que atuam sobre o barco. Esse tipo de casco é encontrado, principalmente, em embarcações de maior porte, onde existe a necessidade de se produzir um peso que permita o equilíbrio do barco em relação à sua área velica, e por isso foi desenvolvido um projeto de barco onde a bolina faz parte do casco e é denominada de quilha, pois não pode ser retirada do barco, como se pode observar na Figura 31. É o chamado barco com casco de quilha.

Os projetos mais modernos retiraram a quilha, tornando-a independente do casco, porém a ele conectada sem poder ser retirada durante uma velejada; com isso, apesar de não ser

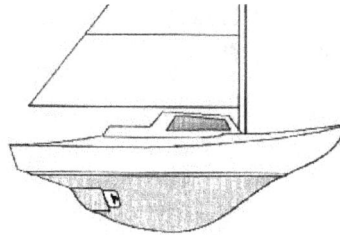
Figura 31

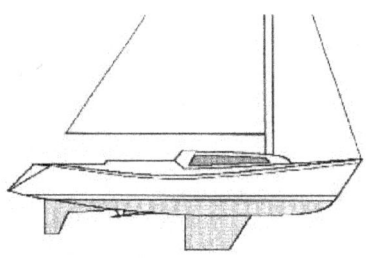
Figura 32

mais parte do casco, ainda é de certa forma fundida a ele e considerada quilha e não bolina, mas por ser móvel pode também ser chamada de bolina. Fica claro que a diferença entre quilha e bolina se deve à sua mobilidade, ou seja, caso possa ser retirada, é denominada bolina, e se for fixa é chamada de quilha. Veja a Figura 32, que mostra um barco de quilha onde esta não é parte do projeto do casco, mas está ligada a ele.

Ao abordarmos os formatos de velas e suas características, pelos menos no caso das velas mais conhecidas, deve-se destacar sua origem histórica e funcionamento. Apesar de não se poder afirmar que os formatos de vela tenham uma linha evolutiva direta, pode-se dizer qual surgiu primeiro e apresentá-las nessa sequência.

De acordo com a disponibilidade de tempo do curso podemos nos estender mais sobre os tipos de vela e sua funcionalidade em relação à ação do vento através de instrumentos pedagógicos que permitam ao aluno entender melhor os aspectos de cada vela, como, por exemplo: imagens, vídeos ou modelos de embarcações de isopor com a construção dos tipos de vela que estão sendo apresentados. Para se estender mais sobre cada tipo de vela e barco basta o professor pesquisar, pois existem livros e artigos na internet sobre o assunto.

Começaremos, então, por um dos primeiros tipos de vela a ser utilizado em embarcações, ou seja, a vela quadrada ou redonda, como também é conhecida (Figura 33[16]). Civilizações como a dos fenícios, *vikings* e egípcios, entre outras, utilizavam esse formato de vela, que, por ter as valumas soltas, não permitia o velejo em ângulos mais estreitos em relação à direção do vento, ou seja, navegavam em ventos acima de 90 graus, o que obrigava o uso do remo como propulsão auxiliar.

A seguir vem a vela latina, teoricamente uma evolução da vela quadrada; apesar de não se ter informações exatas sobre a época de sua criação, já era amplamente utilizada no mar Mediterrâneo no ano de 476 d.C., conforme Svensson. A vela latina possui a verga superior inclinada, o que ocasiona um lado esticado gerando o uso das duas forças que atuam nas velas atuais, ou seja, a força de sustentação e de empuxo; já passa a assumir um formato triangular, porém com a presença de um mastro, uma verga principal e ausência de retranca, como podemos observar na Figura 34.

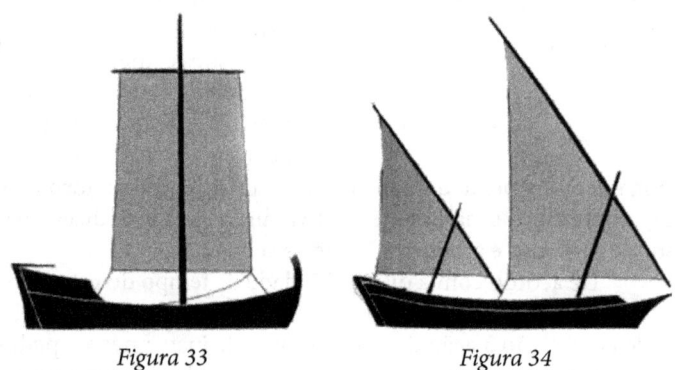

Figura 33   *Figura 34*

Outro tipo de vela de que se tem notícia é a vela tarquina, que parece ser uma nova concepção de vela onde os mastros se

---

16 Figuras 33 a 39:

Fonte: http://www.histarmar.com.ar/nomenclatura/LaVela/00LaVelaHist.htm, autor Sam Svensson tornam o ponto principal da embarcação trazendo a vela quadrada, que é sustentada, também, por uma verga, como a espicha do barco Optimist, com o objetivo de esticar a ponta superior da vela, como se vê na Figura 35. A vela retangular, como a do barco Optimist, tem uma função importante para o desenvolvimento e segurança da navegação, pois proporciona a área velica desejada sem necessidade de um mastro demasiado grande e, automaticamente, um maior braço de alavanca que gera maior instabilidade no barco. Com isso o barco Optimist é o mais estável e seguro para os jovens velejadores e iatistas iniciantes.

Em seguida vem a vela conhecida como "ao terço", uma variação mediterrânea das velas latina e quadrada com a característica de ser uma vela retangular, onde a verga superior continua se inclinando em direção ao mastro e esticando, desta forma, a parte frontal da vela, o que permite o uso aerodinâmico bem próximo ao das velas atuais, conforme a Figura 36.

Figura 35   *Figura 36*

Outro formato de vela é o conhecido como cangreja, de acordo com Svensson. Essa vela confere maior importância ao mastro, que, dessa forma, tem a vela conectada diretamente a ele, através da testa da vela, como é conhecida a parte da vela que fica ligada ao mastro, porém mantendo ainda o formato de vela retangular e com a verga superior, como se pode ver na Figura 37.

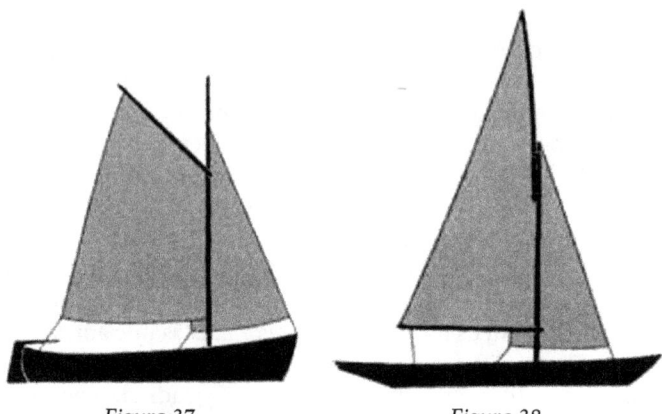

Figura 37   *Figura 38*

Outro formato é a vela conhecida como guaíra, que é inovadora, pois tem o formato de vela triangular com a verga superior praticamente ligada ao mastro. Dessa forma, fica visível a tendência de inclinação da verga superior em direção ao mastro que se pode observar desde a vela quadrada até a bermudina; as vergas eram de extrema importância na arqueação das velas, e quando vão se inclinando em direção do mastro, permitem que este acabe por assumir um papel mais importante, como na guaíra da Figura 38.

Já no século XX, devido ao maior conhecimento da ação aerodinâmica do vento e o avanço tecnológico advindo dos aviões e da ação de suas asas em relação ao fluxo de ar gerado por seu deslocamento, os formatos acabaram por sucumbir ao da vela conhecida como bermudina, com sua forma triangular e formato de asa de avião. Nesse novo formato a verga desaparece e o mastro é o principal equipamento do siste-

Figura 39

ma de velas mestras, permitindo dessa forma o uso das forças de sustentação e empuxo com maior eficiência, capacidade de regulagem e adequação do formato da vela à condição de mar e tripulação, produzindo uma navegação mais eficiente em todos os possíveis ângulos de navegação em relação ao vento. Ver Figura 39.

8. As forças atuantes sobre o barco e o velejo em ângulos

Após o entendimento e reconhecimento do elemento vento, o professor deve seguir para o ensino das forças que atuam no barco, suas reações e consequências sobre a navegação. O velejador deve ter conhecimento delas, pois geram toda e qualquer reação que a tripulação deve adotar em cada caso.

Novamente, deve-se ter muito cuidado com o ensino desse sistema para crianças que se iniciam no esporte, pois dependendo da idade e de seu nível escolar, poderão não entender as forças que atuam, alavancas etc. Devemos reproduzi-lo visualmente, através de equipamentos e métodos que permitam a esses alunos compreender o que está sendo falado. Uma forma simples de demonstrar e gerar o entendimento da ação dessas forças e do sistema de alavancas é através de imagens no quadro, com o acompanhamento opcional de material didático e a utilização, por exemplo, do próprio barco Optimist montado em cima de uma carreta, ou de uma miniatura de barco a vela onde o professor poderá recriar a atuação e reação desses sistemas sobre o barco e a reação necessária do velejador. O uso do barco do tipo rádio-controlado é um instrumento muito interessante e extremamente atraente para os alunos de todas as idades, podendo ser usado durante todo o processo de ensino desse esporte.

É importante que o professor faça comparações do sistema de forças com algum elemento conhecido pelo aluno ao demonstrar a reação que provoca no barco e no velejador, como, por exemplo, com o funcionamento de uma gangorra, brinquedo que a maioria das crianças conhece e do qual já fez uso. A forma de demonstrar e explicar a ação do vento sobre o barco deve então ser adaptada à faixa etária do aluno, embora muitos dos desenhos possam ser aproveitados em todas as idades.

Quando falamos sobre a atuação do vento sobre a vela é importante que o aluno entenda a existência das duas forças que atuam sobre a vela e que impulsionam o barco, sendo geradoras de diversas reações sobre o mesmo e consequentemente sobre o velejador. Pode-se iniciar o ensino do sistema de forças informando três situações básicas, ou seja, o velejo de 45 graus, 90 e 180 graus em relação à direção do vento.

Quando o barco veleja em ângulo de 45 graus, as forças de empuxo e sustentação geram uma força que empurra a embarcação lateralmente, resultando no deslocamento diagonal. A embarcação a vela é projetada para produzir atrito em relação à água, permitindo que haja uma força contraposta à ação do vento, que, somada ao atrito da bolina ou quilha, resulta num sistema que permite o velejo com apenas uma leve derivada. Para se velejar nesse ângulo e com 100% da força do vento na vela, devemos ter 100% da bolina inserida na água, para que o barco derive menos e se mantenha velejando no rumo desejado; dessa forma, porém, obtemos uma grande quantidade de forças contrárias, o que faz com que a embarcação não consiga adquirir toda a velocidade de que é capaz, como podemos observar na Figura 40.

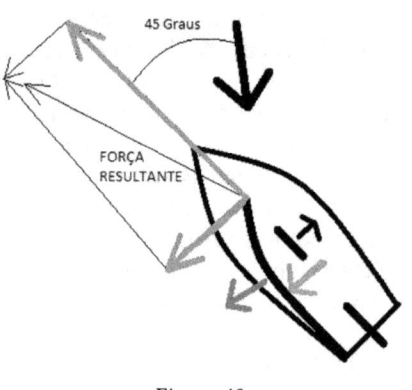

Figura 40

Ao velejarmos

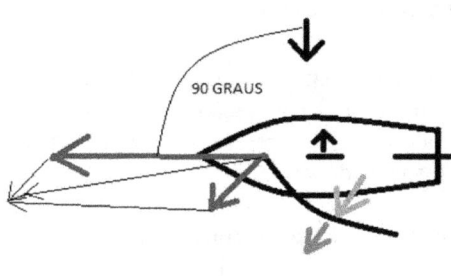

Figura 41

em um ângulo de 90 graus em relação ao vento, o sistema de forças é modificado; temos as forças de sustentação e empuxo trabalhando mais na diagonal e menos lateralmente, ocasionando uma redução na necessidade de utilização da bolina e uma menor incidência de forças contrárias, o que permite ao barco atingir grandes velocidades, como na Figura 41.

Quando se veleja num ângulo de 180 graus em relação à direção do vento, obtém-se o rumo conhecido como vento de popa. Nesse caso, o sistema de forças é bem diferente dos abordados anteriormente, pois não existem forças contrárias, ou seja, todas as forças estão empurrando para o mesmo lado. Já que o barco não tem tendência a derivar, o uso da bolina é desnecessário. Nessa situação o barco fica mais instável e pode virar para bombordo ou para boreste; por isso o velejador deve estar atento e, sempre que necessário, se deslocar para um lado do barco com o objetivo de impedir que ele vire. É importante lembrar que nessa situação só existe a força de empuxo, e com isso se aproveita apenas 50% da força do vento; mesmo que a bolina não esteja ativa, o que diminui o atrito com a água, o barco neste bordo é mais lento do que nos outros. Ver figura 42.

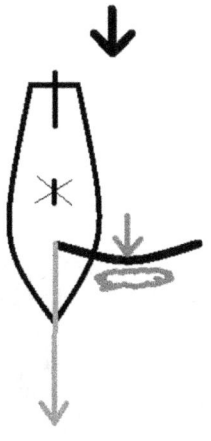

Figura 42

9. Sistema de alavancas atuantes no barco

Após gerar o conhecimento do sistema de forças que atuam sobre o barco em relação à navegação, o professor deverá explicar o sistema de alavancas que geram reações distintas no barco e consequente resposta do velejador.

O sistema de forças que atua sobre o barco recebe influência, ainda, do sistema de alavancas constituído do mastro e do velejador na posição de escora, como podemos observar na Figura 43.

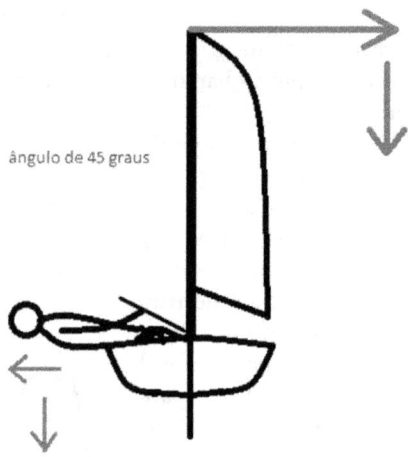

Figura 43

Comparando com a gangorra, pode-se dizer que de um lado se tem o velejador, e do outro, toda a estrutura da vela e o vento. Quando a pessoa do outro lado da gangorra é mais pesada, quem está no lado contrário tenta levar seu corpo mais para trás, objetivando equilibrar a gangorra; se mesmo assim ainda não consegue igualar o peso, acaba por ficar de "castigo". Esse exemplo auxilia na visualização do sistema de alavancas, como na Figura 44.

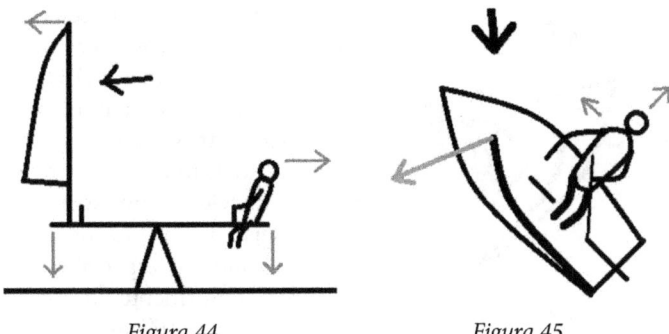

Figura 44   *Figura 45*

Esse sistema de alavanca muda de acordo com o ângulo de velejo em relação à direção do vento. O barco que veleja no rumo de 45 graus recebe a força lateral e com isso existe uma tendência de instabilidade lateral da embarcação, gerando uma necessária força vinda da ação de escorar do velejador e em sentido contrário à direção da força feita pelo mastro, como se pode observar na Figura 45. O velejador deve, então, se deslocar para o meio do barco, aproximadamente na altura da bolina, de acordo com cada barco, e se distanciar do centro para aproveitar o braço de alavanca do casco, inclinando seu corpo na direção contrária à força de alavanca do mastro para ampliar ainda mais a ação de alavanca contrária.

A parte mais larga do barco, ou seja, onde a boca é maior, é normalmente o meio do barco, onde a largura permite que o velejador esteja mais distante do centro de apoio e com isso formando uma alavanca — esta é a razão pela qual em determinados ventos basta sentar mais na borda para obter o equilíbrio do barco.

Quando se veleja em um ângulo de 90 graus em relação à direção do vento, o sistema de forças dos braços de alavancas se modifica, mas continua em direções opostas, como podemos observar na Figura 46. A força, nesse caso, se desloca para a proa do barco, pressionando a proa contra a água, e é nessa situação que muitos barcos acabam por virar devido ao afundamento da

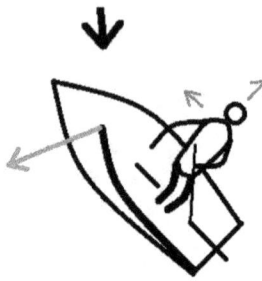

Figura 46

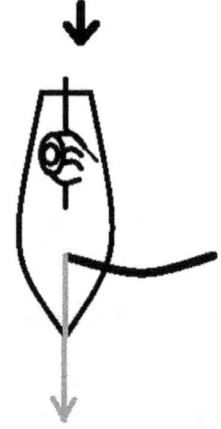

Figura 47

proa, ou seja, quando o barco embica, algo comum de acontecer com os veleiros do tipo catamarã. O velejador deve se posicionar mais na popa do barco e inclinar seu corpo no sentido contrário da força do mastro, na posição conhecida como escora.

Velejar no vento de popa gera uma condição especial, como foi visto anteriormente, devido à falta de forças contrárias, à menor incidência de força do vento sobre a vela e, automaticamente, sobre a alavanca do mastro. Nesse caso o barco se torna mais instável e o velejador deve ficar mais no centro do barco, pronto para se deslocar para o lado contrário ao que irá afundar, iniciando a virada. É relevante lembrar que, antes do barco tipo monocasco entrar em popa, ele vem do bordo onde está com maior velocidade, passa rapidamente para um rumo em que o barco perde força na vela e diminui sua velocidade, fato que resulta numa tendência a virar para o lado do velejador — é como se o barco quisesse derrapar na curva feita, e é importante que o aluno saiba que deverá estar pronto para deslocar seu peso para o lado da vela. Ver Figura 47.

Todas as informações teóricas devem estar aliadas à prática, podendo esta interação ocorrer durante ou logo após a aula teórica. A assimilação será facilitada caso o aluno consiga identificar na prática o que foi exposto na teoria e, consequentemente, executar a prática com consciência e autonomia.

10. Montagem e nomenclatura do barco

A montagem do barco, o cuidado com ele, seus equipamentos e sua manutenção devem ser ensinados sempre que possível, e sua prática incentivada a todos os alunos; porém, dentro de nosso planejamento, isso deve ocorrer apenas após se obter nas crianças o anseio por velejar. Não devemos massificar os conhecimentos teóricos em uma unidade didática de ensino do esporte, para que os alunos não fiquem desestimulados.

Após se ter exposto a parte principal do curso, que é o conhecimento e reconhecimento do vento e as forças que atuam numa embarcação — sempre que possível mesclando a teoria com a prática, mesmo que através de equipamentos ou embarcações ainda em terra —, deve-se efetuar a montagem demonstrativa do barco, ou seja, o professor deve realizar a montagem explicando o que está fazendo e qual o nome e o objetivo de cada equipamento.

Em seguida, o professor deve iniciar o contato do aluno com a prática de velejar, após o que poderá dar início ao aprofundamento dos conhecimentos de montagem e nomenclatura. Deve-se estabelecer uma rotina em que os alunos tenham a responsabilidade de montar, desmontar, lavar, organizar e guardar o material de seus barcos, o que permitirá uma identificação maior dos alunos com o seu barco e material, gerando automaticamente um senso de preservação e cuidado. É importante, porém, que haja uma rotatividade de barcos e seus equipamentos entre os alunos, de modo a dificultar o surgimento do sentimento de posse, geralmente presente nas turmas de crianças.

É fundamental que ao passar o conhecimento sobre a montagem de um barco, o professor tenha o objetivo de ensinar, antes de tudo, a razão de ser de cada montagem, por exemplo: quando ensinamos a montagem do punho de escota na retranca de um Laser ou Dingue, devemos explicar que o objetivo é levar a ponta da esteira da vela em direção à ponta da retranca e que, quando o fazemos, estamos armando a esteira e ao mesmo tempo permitindo a regulagem da bolsa da vela, ou *drift*, dando maior ou menor profundidade à "barriga" da vela; deve-se prender o punho de escota à ponta da retranca com um cabo, o que pode ser feito de várias formas, de acordo com o equipamento utilizado. Nesse mesmo exemplo, podemos ainda mostrar a importância do cabo, pois se este não for utilizado, quando houver necessidade de folgar o cabo da esteira a ponta da retranca tenderá a ficar abaixo da altura adequada, aumentando o perigo de acidentes devido à ineficiência do ato de folgar a esteira, como se pode observar nas Figuras 48, 49 e 50.

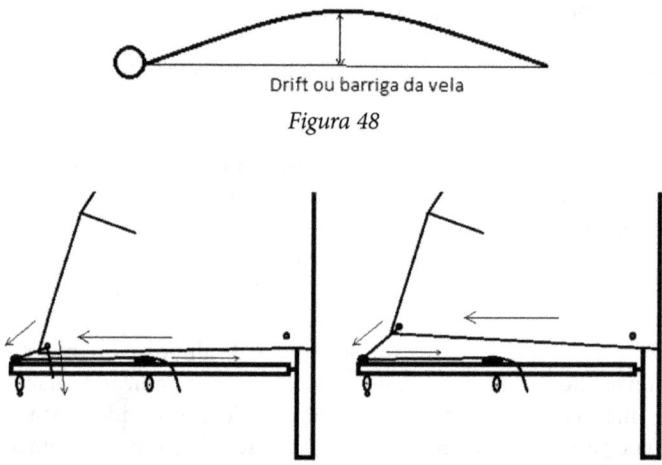

Figura 48

À esquerda, Figura 49; à direita, Figura 50.

Como foi visto, a melhor forma de ensinar a montagem de um equipamento é demonstrando e explicando o objetivo de cada ação na montagem do apetrecho, pois cada barco pode apresentar um equipamento diferente, o que modifica a forma de instalação, mas não altera o objetivo.

Quando planejamos ensinar montagem e nomenclatura, temos que diferenciar a forma de fazê-lo levando em conta as faixas etárias com que estamos lidando. Para o adulto em geral, o método deve ser mais objetivo e direto, com acompanhamento de material didático contendo o desenho do barco e a indicação dos nomes de suas partes e equipamentos, como também o desenho dos nós que serão ensinados; para os mais jovens, porém, principalmente quando estão em turma, é indispensável desenvolver formas que permitam o aprendizado, priorizando o caráter lúdico.

Geralmente, em um curso particular para adultos, costuma-se efetuar a montagem do barco e a denominação das partes e equipamentos que estão sendo usados, com ênfase nas nomenclaturas principais, como retranca, mastro, leme, bolina, partes da vela, proa e popa etc. Nas aulas seguintes haverá a prática de montagem, e nesse momento é realizado o trabalho de fixação do aprendizado. Evitamos usar traduções de conceitos, como, por exemplo, esquerda e direita, ou do lado da vela e do lado contrário da vela; caso não haja opção, devemos sempre acompanhar as traduções dos nomes adequados e ir aos poucos retirando, efetuando o comando com a nomenclatura certa. Por exemplo, quando desejamos que o aluno olhe a bombordo do barco, deve-se inicialmente dizer "olhe para bombordo", que é o lado esquerdo do barco, e nas aulas seguintes repetir "olhe para bombordo" e aguardar o retorno do aluno; se ele estiver em dúvida, auxilie dizendo que é o lado esquerdo do barco, e assim sucessivamente até que as dúvidas sejam dissipadas, o que pode ser feito com todas as nomenclaturas específicas do esporte.

No site http://www.histarmar.com.ar/index.htm de Carlos Mey Martinez, que tem seu foco de estudo na história e arqueologia marítima, encontramos um excelente conjunto de informações sobre o meio náutico, e o recomendo como fonte de pesquisa; alerto, porém, que não basta apenas uma fonte, o professor deve pesquisar sempre em várias, mesmo que já tenha encontrado o que deseja.

Durante a aula inicial de montagem, devemos ensinar os nós de marinharia que serão exigidos pelo curso. Normalmente, variando conforme o barco que está sendo utilizado na aula, é necessário ensinar de quatro a seis nós de marinharia: meia volta, volta do fiador, direito e lais de guia, podendo ser acrescidos de outros dois, volta do cunho e volta redonda.

No correr dessa aula é imperativo abordar a importância do aprendizado do nó de marinharia e seu treino, com o objetivo de conseguir efetuá-lo em pouco tempo e sem a visão do que se está fazendo, pois isso pode significar a solução, ou não, de uma situação de perigo na água. Tomo como exemplo uma situação plausível: imaginamos um barco virado e com algum equipamento solto ou quebrado, precisando de uma amarração; será fundamental que se possa efetuar tal procedimento rapidamente e muitas vezes, sem poder olhar. O reconhecimento tátil do nó é então fundamental para executá-lo com habilidade, por isso aconselho a atividade de reconhecimento e nomeação do nó, conforme se segue.

Qual é o nó?

Essa atividade deve ser feita com toda a turma de uma só vez. O objetivo é desenvolver o reconhecimento tátil do nó e a sensibilidade manual.

Material necessário: pedaços de cabo com um dos nós efetuado.

Local: deve ser feito em local aberto ou fechado.

Atividade: colocar os pedaços de cabo com nós dentro de um recipiente que permita ao aluno pegar um deles; vendar os alunos; o professor então informa que todos devem pegar um cabo e tentar identificar o nó; assim que souber o aluno deve levantar a mão, dizer "Eureka" e aguardar até que o professor pergunte "Qual é o nó?". As respostas vão sendo dadas até todos terem dito Eureka; em seguida o aluno deverá retirar sua venda e confirmar se descobriu ou não.

Um dos nós de marinharia de maior dificuldade para o aprendizado é o nó lais de guia, mas se for ensinado de forma clara em relação à ordem e sequência do nó seu aprendizado será facilitado. Tenho transmitido o que aprendi quando ainda fazia aula de vela, e conto uma história muito útil. Nesse conto temos três personagens: um jacaré, que é um animal que vive dentro da água, um lago e uma árvore. O lago é formado quando fazemos um laço com o cabo, a parte maior do cabo é a árvore e a parte menor, do outro lado do laço, é o jacaré. É importante efetuar o laço com a parte maior, árvore, saindo de baixo da parte menor; assim a árvore estará plantada no solo, como é na realidade. Após termos esses três elementos definidos, basta seguir a história: "O jacaré que estava dentro do lago sentiu frio e resolveu dar uma volta em torno da árvore para se esquentar"; nesse momento levamos a ponta menor que saiu de dentro do laço e passamos por trás da ponta maior, feito o que seguimos com a história contando que nesse momento "o jacaré, já aquecido, resolveu retornar para a água", e então colocamos a ponta menor dentro do laço e falamos em seguida, "segure o jacaré e puxe a árvore", e assim se completa o nó lais de guia, como pode ser observado na Figura 51.

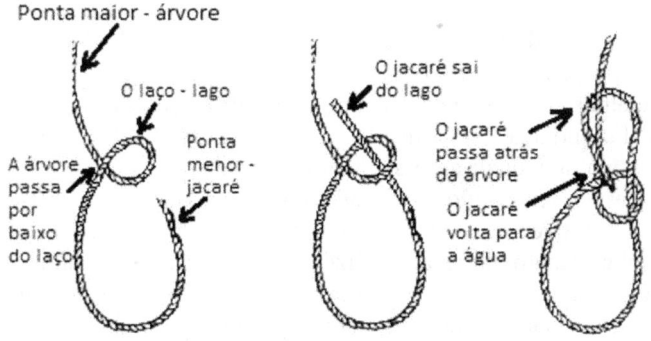

Figura 51

Quando a aula de vela é para crianças, principalmente em grupos, é necessário desenvolver técnicas lúdicas como a história acima para facilitar o aprendizado teórico da nomenclatura de nós e equipamentos, o que inclui atividades do tipo "estafeta" ou "conteste". Outro exemplo de atividade lúdica com o objetivo de fixar o aprendizado das nomenclaturas básicas dos equipamentos e sua montagem é o jogo Quebra-cabeça Real, cuja descrição segue abaixo.

Quebra-cabeça Real

Esse jogo é realizado com turmas, barcos e seus equipamentos em quantidade proporcional ao número de alunos. O objetivo é proceder à montagem do barco com a descrição da nomenclatura do equipamento, podendo haver adaptações, com aumento ou diminuição da dificuldade da atividade.

Material necessário: um barco e seus equipamentos para cada cinco alunos.

Local: deve ser feito em local aberto ou fechado, no caso de local fechado amplo e com pé direito alto que permita a montagem do mastro.

Atividade: dividir a turma em grupos de até cinco alunos, e espalhar em volta da embarcação o material que se deseja trabalhar na montagem e sua nomenclatura. Colocar os alunos em fila indiana a uma distância de dez a vinte metros, com o objetivo de reduzir a possibilidade de ajuda do grupo ao aluno que estará realizando a atividade. Cada aluno deve então correr — um por vez, logo após o comando de voz do professor — até o equipamento informado e dizer o nome deste em voz alta; em seguida deve montá-lo da forma correta, e se tiver que fazer um nó, dizer qual nó esta sendo feito. Após ter executado sua atividade o aluno deve voltar para o final da fila, liberando o próximo aluno que efetuará a mesma atividade logo após o comando do professor informando o equipamento que deverá ser montado por ele. A atividade termina quando todos tiverem realizado a tarefa.

Caso essa atividade seja feita com intuito competitivo entre equipes, pode-se controlar o tempo de finalização de cada equipe e ao final da atividade verificar qual equipe acertou mais itens e em menor tempo, sendo que acertar é mais importante do que ser rápido. Ver Figura 52.

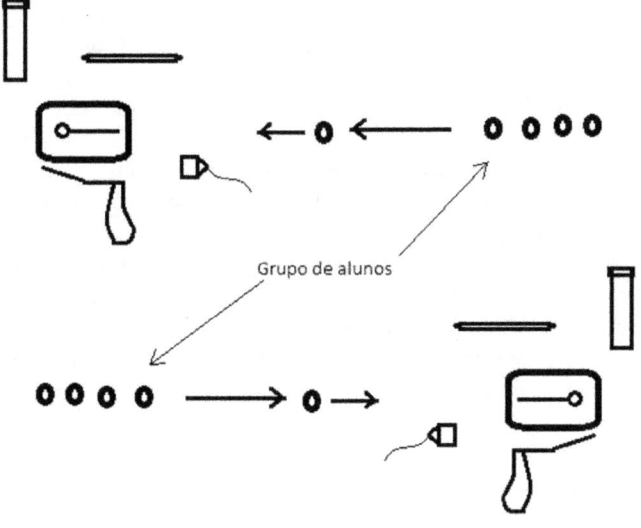

Figura 52

Atividades, como a descrita acima devem ser desenvolvidas pelo professor para garantir um aprendizado divertido e eficaz. Podem ser usadas, igualmente, nos dias em que não seja possível a realização de aula prática.

11. Fator segurança do curso

A segurança é fundamental em um curso de vela, tanto para os clientes como para seus professores, e deve ser priorizada em relação a qualquer outro conhecimento do esporte. É inconcebível prosseguir com um curso de vela sem primeiramente ensinar os pontos básicos de segurança, como, por exemplo, saída e entrada de terra, desvirar o barco, como se portar em caso de emergência, entre outros. É indispensável o uso de coletes salva-vidas, adequados aos pesos dos alunos e do professor.

É importante que se tenha bom senso e preocupação com a integridade física dos alunos, de qualquer idade; devem ser observadas as condições do tempo e se estar sempre atualizado, evitando aulas práticas em dias que haja um risco maior para os alunos, como, por exemplo, dias com ventos superiores a 15 nós, pois estamos lidando com alunos do curso básico.

Quando a aula é para um grupo de crianças, é importante se observar as condições de vento, mar e tempo, assim como a idade do aluno. Lembramos que em idades inferiores a sete anos, além de estar no estágio pré-operacional descrito por Piaget e que já mencionamos, o aluno ainda poderá apresentar dificuldades psicomotoras e físicas, inviabilizando o aprendizado do esporte.

O mesmo ocorre em aulas de *windsurf* ou *kitesurf*, e o professor e a escola de vela devem verificar se os alunos têm condições físicas para realizar o esforço físico necessário para cada modalidade. Seria excelente se antes dos cursos de vela fosse efetuada uma anamnese, ou seja, uma lista de perguntas que visa identificar problemas de saúde que venham a interferir no aprendizado. É importante que pelo menos seja solicitado um atestado médico assinado por profissional autorizado, com o objetivo de identificar se o aluno tem condições físicas e idade para exercer a atividade a que se propõe.

Quando iniciamos as aulas práticas na água, é fundamental começar ensinando a desvirar o barco, flutuar e nadar com colete salva-vidas. É interessante que a aula de desvirar o barco seja feita numa área que permita maior segurança, ou seja, quando possível, em local de águas rasas e com fundo de areia, como na beira da praia, por exemplo. Nessa situação, o professor deve relatar todos os procedimentos e preocupações que o velejador deve ter quando o barco está virando e depois que virou, para que o aluno adquira a capacidade de enfrentar uma situação de barco virado com segurança e autonomia. Seguem os pontos que devem ser abordados:

1. Se não existe forma de evitar que o barco vire, o velejador deve se segurar no barco até que o mesmo termine seu movimento de virar, ou seja, até que o mastro atinja a água;
2. Logo em seguida o velejador deverá mergulhar, em pé, entre a retranca e o barco, e então nadar até a bolina contornando a popa, enquanto verifica se a escota e o leme estão livres antes que o barco finalize o movimento de emborcar, ou seja, afundar o mastro na água;
3. Logo que chegar à área da bolina o velejador deve segurá-la e em seguida transferir seu peso para cima do equipamento, lembrando que deve fazê-lo pela parte da frente, onde o bordo de ataque é mais grosso e por isso mais firme e resistente;
4. Assim que o barco começar a desvirar, o velejador deverá transferir seu peso para a borda do barco assim que for possível, e aguardar que ele termine o movimento de desvirar;
5. Se o barco for o Optimist, o velejador deverá observar a quantidade de água que entrou no barco e perceber se é viável sua entrada no barco sem que isso ocasione a entrada de mais água e o consequente desequilíbrio do barco. Caso seja possível entrar no barco com segurança, o velejador deverá subir e se posicionar no centro do mesmo para que as bordas fiquem acima da linha da

água, e, com cuidado, deverá iniciar a retirada da água com o balde. Caso o barco tenha muita água, o velejador deverá iniciar a retirada de água de fora do barco até que as bordas do barco estejam bem acima da linha da água e ele possa entrar no barco com segurança.

Em seguida, o professor deverá efetuar o movimento de virar o barco, permitindo que todos os alunos observem o que ocorre e reafirmando os cuidados e procedimentos que devem ser executados pelos velejadores. O professor poderá optar, caso necessário, por repetir o movimento com o aluno a bordo, no caso do barco Optimist e em local de baixa profundidade. Isso permite que o velejador tenha a sensação de virar, porém em condições adequadas de segurança, o que gera maior confiança e enriquece a prática. Pode-se observar nas Figuras que se seguem um exemplo de aula com a participação do aluno em todo processo de virar e desvirar nas Figuras 53 a 59.

Após as orientações descritas acima, o professor deve virar o barco com o aluno a bordo se certificando de todos os movimentos e ações do mesmo e auxiliando e orientando próximo ao barco. A Figura 53 mostra o momento em que o professor passa as instruções ao aluno e lhe dá segurança ao demonstrar que estará sempre ao lado do barco.

A Figura 54 demonstra o movimento do professor para virar o barco e a ação do aluno de se segurar ao barco para esperar que este termine o processo de virar, momento em que ficará mais seguro o mergulho na água sem bater na retranca ou na vela.

A Figura 55 deixa visível o momento em que o aluno, após esperar que o barco termine seu movimento de virar, se prepara para mergulhar entre a retranca e o barco.

A Figura 56 apresenta o movimento de mergulho do aluno entre a retranca e o barco; logo em seguida ele deverá nadar em direção à bolina, próximo ao professor, passando pela popa, até segurá-la.

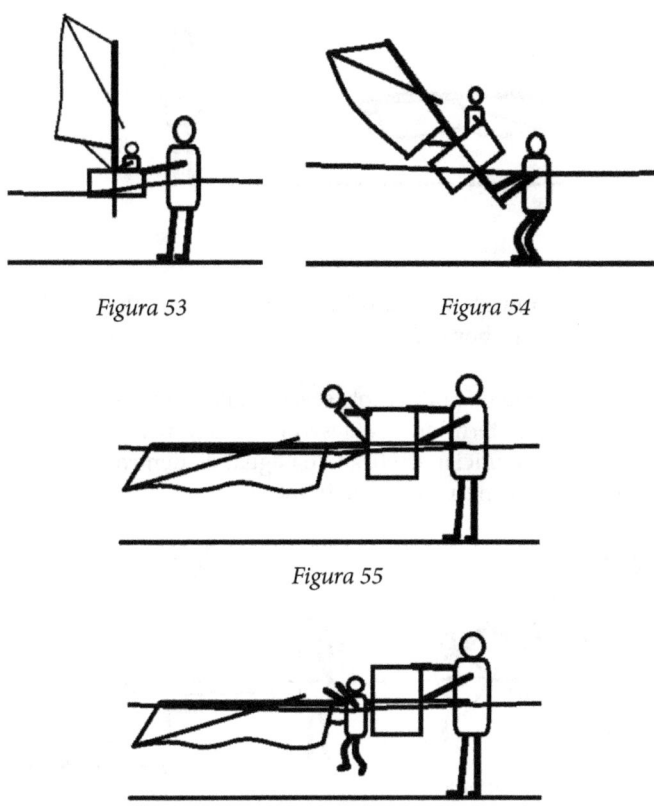

Figura 53 *Figura 54*

Figura 55

Figura 56

Terminado o processo de virar o barco, é iniciado, então, o procedimento de desvirar. Nesse momento o professor estará bem próximo do aluno e o auxiliará sempre que necessário, porém deverá deixar que ele efetue todo o procedimento sem interferir desnecessariamente. Podemos acompanhar o processo nas figuras abaixo.

Na Figura 57 observa-se o aluno subindo na bolina pelo bordo de ataque, que é mais grosso e mais firme.

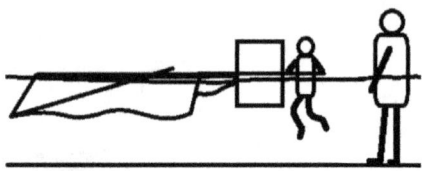

Figura 57

A Figura 58 mostra o instante em que o aluno deixa a bolina e segura a borda do barco para terminar o movimento de desvirar.

Em seguida pode-se observar, na Figura 59, o momento em que o aluno terminou de desvirar o barco para em seguida pegar o balde e iniciar a retirada da água, de dentro ou de fora do barco, conforme a condição do mesmo.

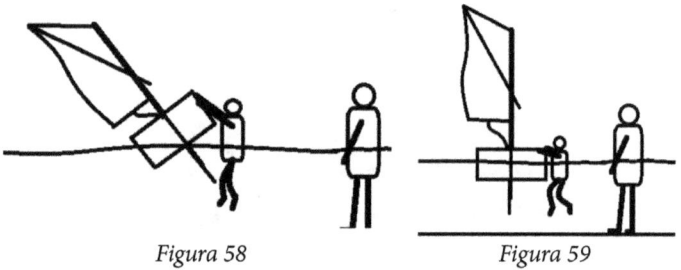

Figura 58 *Figura 59*

Durante todos os momentos da aula de desvirar é importante que os alunos da turma estejam juntos, próximos ao professor e observando o que está ocorrendo com o aluno que está desenvolvendo a prática, além de estarem atentos às instruções dadas no decorrer dos movimentos efetuados, para que não haja dispersão e falta de atenção, o que acabaria por exigir a repetição das orientações do professor para cada aluno, atrasando o andamento da aula.

É importante que o professor informe os procedimentos

de desvirar quando ocorre a situação de virada do barco no vento de popa, onde a vela, normalmente, fica em pé e com vento forçando o barco, fazendo com que o mesmo se desloque, o que dificulta o processo. Quando possível, deve-se demonstrar com o barco, com o aluno fora da água. Informa-se então que no caso de uma virada em vento de popa o velejador deverá, na medida do possível, abaixar a vela e conduzir a proa do barco na direção do vento, para depois iniciar o procedimento de desvirar.

Um dos cuidados que devemos ter com crianças, principalmente as de sete a onze anos, é o desenvolvimento de suas capacidades motoras específicas para as condições do esporte; é fundamental também desenvolver atividades que permitam o aperfeiçoamento da capacidade psicológica do equilíbrio. O perfeito equilíbrio a bordo do barco permite ao velejador uma melhor condição de se movimentar e agir. Considero, portanto, que essa capacidade é um fator de segurança para o aluno, e para aperfeiçoá-la descrevo uma atividade que poderá ser adaptada às condições de aula de cada professor. Lembro que outras atividades, inclusive em terra, devem ser realizadas com o mesmo objetivo. Segue abaixo a atividade "Passa Vagão".

Passa Vagão

Objetivo: aprimorar a capacidade psicológica de equilíbrio a bordo durante uma atividade que necessita o deslocamento dentro do casco e o ato de puxar o cabo de reboque para se aproximar da outra embarcação;
Material necessário: três ou quatro cascos de Optimist com apenas seus lemes e bolinas; duas âncoras; cabos das âncoras; cabos de reboque e coletes salva-vidas;
Local: próximo à praia, ou em área próxima de terra;
Atividade: fazer uma linha com os cascos, unindo-os e tendo suas pontas presas, dando uma folga suficiente para que haja a possibilidade de aproximar um casco do outro enquanto

o resto da linha se mantém esticada; em seguida, solicita-se a um aluno por vez que entre pela popa do primeiro barco e com cuidado se desloque até a proa; o aluno deverá se equilibrar enquanto puxa o próximo barco pelo cabo de reboque e se transfere para ele, efetuando esse movimento na ida e na volta, ou só na ida, de acordo com as condições e com o desenvolvimento do aluno.

A Figura 60 mostra a linha de barcos ancorados pelas duas pontas.

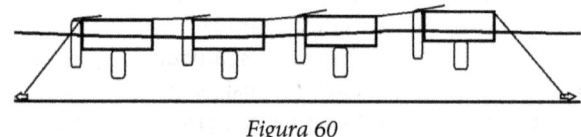

Figura 60

A Figura 61 exemplifica um aluno entrando na linha de barcos pela popa da primeira embarcação e iniciando seu contato com o equilíbrio necessário para realizar a atividade. É permitido aos alunos, sempre que necessário, se apoiar nas bordas do casco.

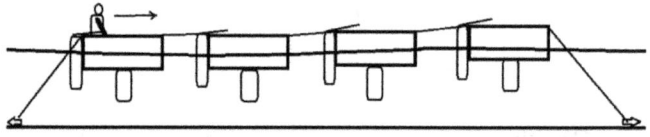

Figura 61

A continuação da atividade objetiva que o aluno consiga se deslocar da popa até a proa do barco, puxar o barco da frente através do cabo de reboque até que ele possa sair do barco em que está e entrar no próximo, com todo o cuidado e com o auxílio do professor se for preciso. Essa atividade deve ser efetuada, inicialmente, em dias ou locais que permitam uma condição de mar sem a influência de muitas ondas. Com a continuidade do desenvolvimento do equilíbrio, é possível se fazer tal atividade em condições de mar mais agitado. A Figura 62 demonstra a passagem do aluno de um barco para o outro.

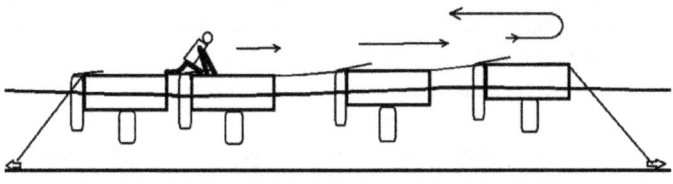

Figura 62

O manuseio do leme é fundamental para qualquer velejador; um leme firme equivale a uma velejada boa e segura. Muitos alunos têm dificuldades em aprender a forma como se deve utilizar o leme e tendem a ficar preocupados com o que devem fazer com a cana de leme, ou seja, geralmente ficam preocupados com o ato que estão realizando e ficam perguntando: "O que faço, empurro ou puxo o leme?". O professor deve inserir a ideia de que o que importa é a reação do barco quando se muda de posição a cana de leme; portanto, o aluno deverá ficar atento à direção do barco e não à posição do leme. Uma boa atividade para se treinar esse manuseio do leme é a "Remada dirigida".

Remada dirigida

Objetivo: desenvolver o entendimento do manuseio do leme e da remada dirigida;
Material necessário: cascos de Optimist apenas com seus lemes, bolinas e remos; boias; cabo; âncoras; coletes salva-vidas;
Local: próximo à praia, ou em área próxima de terra;
Atividade: colocar uma boia para cada casco que será usado, próximo de terra ou da praia (aproximadamente 100 metros), mantendo espaço entre elas; separar os alunos em duplas e em seguida identificar quem iniciará a atividade no leme

e no remo; cada dupla deverá então dividir o barco, mantendo o equilíbrio enquanto um rema e o outro dá a direção com o leme; as duplas deverão ir até a boia, contornando-a e retornando para terra, onde haverá a troca de função dos alunos e uma nova ida e volta até a boia, como se pode observar na Figura 63. Essa atividade pode ter sua dificuldade aumentada com um percurso maior, onde os alunos deverão mudar de direção e trocar de função na água após o sinal sonoro do professor. Ver Figura 64.

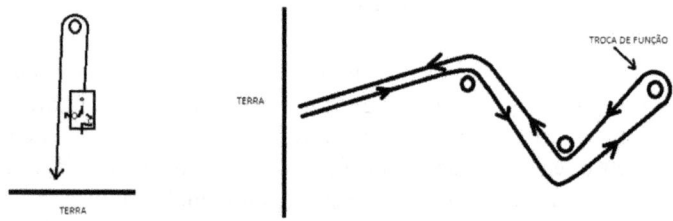

À esquerda, Figura 63, à direita, Figura 64.

Existem ensinamentos que fazem parte da segurança, porém é necessário que o aluno já tenha iniciado as aulas de velejar para então prosseguir com o aprendizado de pontos importantes como sair e retornar à praia ou cais, comportamento em casos de emergência e outros, de que trataremos mais à frente.

12. A aula prática de velejada

A primeira velejada de qualquer aluno deve ter a presença do professor muito próximo, quando possível dentro do barco, como nas aulas particulares para jovens e adultos. No caso de crianças que estão aprendendo no barco Optimist, é importante que o professor esteja muito próximo, mas em outra embarcação, nesse caso preferencialmente a motor. Deve-se sempre marcar a rota que o aluno deverá efetuar para ir e voltar, e os rumos devem ser o mais próximo possível a 90 graus da direção do vento, pois o velejo no través permite menor risco de virar e mantém a retranca sempre fora do barco.

Quando assumimos uma turma de alunos ficamos num impasse logístico, pois não poderemos colocar mais de uma embarcação para a primeira velejada dos alunos, a não ser se contarmos com a ajuda de outro professor ou monitor. Para turmas de crianças é indispensável que haja o rodízio de um barco por vez, fixando um tempo de velejo para cada aluno com o objetivo de efetuar a experiência com segurança e com a participação de todos em igual tempo de treino.

Como foi feito no processo de desvirar, os alunos que não estiverem efetuando a prática devem estar sempre próximos ao professor para observar e escutar as orientações feitas ao aluno que está no barco, objetivando evitar repetições desnecessárias e manter os alunos atentos à aula. A postura do professor perante a turma é um fator de extrema importância, e normalmente define o rumo das aulas; a aula deve ser lúdica, porém mantendo sempre o domínio das ações dos alunos, com uma constante fiscalização e repreensão dos abusos. O professor deverá tomar algumas atitudes para estar sempre no controle da turma, como, por exemplo: estar sempre próximo, saber os nomes dos alunos, delimitar o espaço de trabalho, combinar sinais, explicar aos alunos o planejamento da aula e seu objetivo, realizar um fechamento com um debate das atividades e acontecimentos do dia e, finalmente, estabelecer regras e limites.

Um método muito eficaz, que transmite segurança para o aluno e é efetivamente mais seguro para o professor, é o sistema de velejo com "coleira", ou seja, velejar com um cabo de aproximadamente 30 metros preso na proa, no local onde se amarra o cabo de reboque, que é segurado pelo professor. O cabo preso na proa permite ao professor trazer o barco de volta, forçando uma cambada, bastando para isso que o cabo venha pelo barlavento do barco, como se pode observar na Figura 65.

Esse método pode ser realizado com o professor a bordo de uma embarcação a motor que estará à deriva ou ancorada,

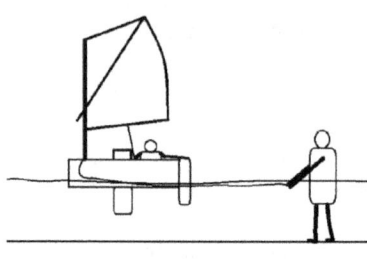

Figura 65

dependendo das condições. O maior objetivo da primeira velejada é a aplicação da teoria ensinada na prática e o ensinamento dos procedimentos necessários para se realizar o movimento de cambar (cambar por davante). O professor deve reunir a turma em volta do barco com o primeiro aluno a bordo para praticar o velejo e efetuar as orientações de manuseio do leme e escota. É importante que o aluno do curso básico seja orientado a ficar sentado dentro do barco Optimist e não utilizar a borda, devido ao fator segurança e por essa posição transferir maior tranquilidade para ambos, aluno e professor. Deve-se sempre priorizar a progressão pedagógica, que determina o ensino por etapas conforme a complexidade: se inicia com uma complexidade menor e se segue aumentando a dificuldade da atividade, utilizando a etapa vencida como ponto de partida e comparação para poder realizar a próxima.

Como já foi visto anteriormente, é importante a utilização dos termos náuticos, traduzindo-os inicialmente, porém tão logo seja possível deixando que o aluno chegue à conclusão do significado. Na primeira velejada nos deparamos com essa situação, pois precisamos orientar os alunos sobre o significado dos termos "orçar" e "arribar" e avaliar o que isso acarretará em termos de reação dos alunos.

É normal que seja preciso, por exemplo, ao solicitar que o aluno orce o barco, informar o que se está pedindo, ou seja, que o aluno leve a proa do barco para mais perto da direção do vento e para isso empurre o leme em posição normal. Isso ocorre com alunos de qualquer idade; além de traduzir inicialmente, deve-se igualmente solicitar que o aluno movimente o leme devagar para os dois lados e observe o que o barco realiza a cada comando, ou seja, quando se empurra o leme o barco tende a girar rumo à direção do vento, e quando se puxa o leme o barco se aproxima do rumo do vento (direção para onde está indo o vento). É interessante que o aluno observe a reação do barco, e não especificamente o que está fazendo com o leme, podendo se usar o exemplo de um carro ou de uma bicicleta, de acordo com a idade do aluno. Quando estamos conduzindo uma bicicleta ou carro não prestamos atenção ao que estamos fazendo com o volante, mas à reação que esta ação gerou no veículo.

De acordo com o caminhar do treino de velejar e cambar e o desenvolvimento de cada aluno, o professor poderá soltar o cabo sem que o aluno perceba e assim permitir que ele efetue uma ida e volta sozinho, porém com a sensação de segurança que o cabo transmite. Normalmente, quando o velejador está chegando próximo ao professor, este indica que ele está velejando sozinho, permitindo que ocorra uma sensação positiva de confiança e autoestima, que poderá sempre ser explorada pelo professor através de elogios.

Um ponto importante de treinamento nas aulas é o procedimento de parar e reiniciar a velejada. O aluno deve estar apto a parar seu barco, panejando a vela sem entrar na direção do vento, e depois reiniciar a velejada no rumo indicado.

A cada dia de aula o professor deverá analisar o desenvolvimento de seus alunos e, ciente das condições de tempo e estrutura, determinar que seja colocado mais um barco na aula prática de vela, até que todos os barcos estejam sendo utilizados pelos alunos. Um fator importante nessa decisão é o nível de resposta ao treinamento de velejo inicial e de cambada.

Outra decisão que o professor deverá tomar é quanto ao número de barcos que sua estrutura náutica permite. Normalmente, um barco a motor e a presença de um ajudante possibilitam que haja até dez barcos na água ao mesmo tempo, com alunos iniciantes, mas treinados. Uma estrutura com apenas um professor e uma embarcação a vela ou motor deve ser limitada em cinco barcos por aula, aproximadamente.

É indispensável que o professor treine o manuseio do

seu barco, seja a motor ou a vela, com o objetivo de conseguir acompanhar bem de perto os barcos dos alunos sem que efetue interferências desnecessárias. A manutenção do grupo sempre junto, sem haver dispersão, deve ser uma constante preocupação; o professor deverá estar atento a um afastamento do grupo, solicitar que os alunos se dirijam para uma mesma linha, ou que os mais rápidos reduzam a velocidade ou efetuem a parada do barco. O rumo que deverá ser marcado é o de través, que facilita para o grupo a navegação em conjunto; deve ser indicada aos alunos a direção que devem tomar para ir e voltar antes que iniciem a velejada.

Durante o desenvolvimento das aulas práticas de través, o professor poderá iniciar a variação do rumo, dando nova direção, que ora será mais orçada e ora mais arribada. Tal atitude permitirá que os alunos entrem em contato com as necessidades do barco em rumos diversos, observando, por exemplo, que quando orçamos caçamos a vela, e quando arribamos temos que folgá-la. Com o desenvolvimento do treino, podemos iniciar o treinamento no bordo de contravento e depois no de popa; é importante, porém, que nesse momento do curso se retorne ao ponto inicial da aula prática, ou seja, reinicia-se a aula com apenas um barco para os ensinamentos iniciais de contravento, popa e jaibe. Uma atividade que demonstre as reações do barco no velejo de contravento, popa e no jaibe deve ser executada em terra, antes do início dessa aula. Pode-se, por exemplo, efetuar a atividade "Velejando em seco".

Velejando em seco

Objetivo: demonstrar as reações do barco nos rumos contravento e popa e da manobra jaibe;
Material: carreta e barco Optimist montado;
Local: espaço aberto, amplo e com vento;
Atividade: com o barco em cima da carreta o professor

deve posicioná-lo de través e ir orçando até alcançar o ângulo de 45 graus da direção do vento; nesse momento o professor segura o barco e caça a vela, mostrando a reação do barco; em seguida, folga a vela, deixando visível que esse ato permite o equilíbrio do barco, concluindo assim que um barco pode virar, mas será um sinal de que houve erro do velejador.

O professor poderá ainda continuar orçando o barco e assim mostrar que, mesmo com a vela caçada, quando um barco se aproxima da direção do vento, perde força na vela até o ponto em que entra na direção do vento e para, até que o vento o empurre para trás. A mesma demonstração deverá ser feita para o rumo de popa e para o jaibe. Se o vento permitir, o professor poderá deixar o barco em popa, solicitando a um aluno que o segure; em seguida, mostrará o movimento do jaibe mudando a vela de lado sem girar o barco, e depois girando o barco.

Após efetuar as orientações e atividades que levem o aluno a entender as reações do barco e a ação que o velejador precisa executar, deve-se ir para a prática na água com um aluno e um barco por vez, marcando um pequeno percurso que permita uma popa e um contravento, apitando para sinalizar o momento em que o velejador deverá cambar no contravento e efetuar o jaibe na popa. Com o desenvolvimento das aulas e dos alunos, o professor deverá acrescentar mais barcos até que todos sejam utilizados.

Desse momento em diante as aulas deverão ter sempre a navegação nos três bordos principais: contravento, través e popa, além dos movimentos de troca de bordo: cambar (cambar por davante) e jaibe (cambar em roda). Durante todas as aulas o professor deverá sempre orientar os alunos quanto à sua disposição dentro do barco para cada bordo utilizado. Aos poucos, todos deverão já estar velejando na borda do barco e em ventos variados.

Dificuldades devem ser acrescentadas assim que possível, de acordo com o progresso da turma, como, por exemplo, o velejo na borda do barco ou a inclusão de obstáculos ou boias, ou ainda a formação de percursos predeterminados.

Quando o professor está diante de uma turma de alunos, mesmo que todos tenham acabado de entrar no curso de Vela, terá um grupo heterogêneo de crianças. Como já mencionamos, diversos cuidados devem ser tomados na formação das turmas, e mesmo com todas as precauções algumas crianças, devido à sua formação psicomotora, poderão ter maior ou menor facilidade em lidar com os ensinamentos do curso é será necessário criar estratégias para lidar com as diferenças de rendimento da turma.

Para isso é fundamental que haja um acompanhamento de cada aluno individualmente e em grupo, e preparar um processo adequado de avaliações. É importante observar os objetivos do curso e de cada aula e gerar avaliações teóricas e práticas que permitam identificar a aprendizagem dos alunos em vários momentos. Cada aluno deverá ter sua ficha de avaliação com informações referentes aos conhecimentos pré-adquiridos e adquiridos durante as aulas. O preenchimento dessa ficha só é possível com o desenvolvimento da avaliação diagnóstica inicial e a demarcação de outros momentos avaliativos individuais.

De posse do conhecimento do rendimento dos alunos e suas deficiências, deve-se gerenciar o desenvolvimento deles através de instrumentos de recuperação, quando for o caso, e de trabalhos individuais para auxiliar aqueles com dificuldades específicas. Deve-se rever aspectos que falharam em determinado grupo em cada atividade, para que o professor possa mesclar alunos com dificuldades a outros sem dificuldades, promovendo a ajuda mútua em prol de um objetivo comum.

O professor é, antes de tudo, um educador, e deve transmitir todos os aspectos educacionais que estejam ao seu alcance, tendo por objetivo ser um agente transformador na busca da cidadania, da autonomia e da postura crítica do aluno. Diversos conhecimentos não ligados diretamente ao curso de Vela devem fazer parte diariamente das ações e atividades, como por exemplo, o meio ambiente e sua preservação, já que é inconcebível um velejador, que tem a natureza como sua companheira de lazer, sem consciência ecológica desenvolvida.

O meio ambiente deve sempre fazer parte das aulas de Vela, seja através do ensino dos elementos da natureza inseridos no esporte, seja nas ações efetuadas no dia-a-dia e que o influenciam. Os esportes da natureza dele dependem diretamente, e quando ele é alterado pode-se observar sua influência direta na prática do esporte, como, por exemplo, o regime de ventos, que se altera com o aquecimento global e com o desmatamento e a impermeabilização do solo.

O esporte a Vela é uma atividade que pode desenvolver o trabalho individual e o trabalho em equipe, mesmo em aulas com barcos como o Optimist, que são embarcações individuais; deve-se realizar atividades que objetivem, além do desenvolvimento individual do aluno, sua relação com o próximo e o trabalho em equipe, visto que em embarcações tripuladas por mais de um velejador será necessário que o aluno tenha desenvolvido a capacidade de liderar e ser liderado em prol de uma meta comum.

A ética deve fazer parte de todas as ações do aluno, e com isso o professor de Vela deverá estar sempre atento a esse aspecto importante na formação cidadã e esportiva do velejador. O comportamento ético deve ser praticado a todo instante e por todos os atores do curso, pois vivemos em sociedade. Destarte, deve-se ter ciência, de acordo com os Parâmetros Curriculares Nacionais — PCN (1997, p. 20) de temas importantes, como, por exemplo:

> — Dignidade da pessoa humana: implica respeito aos direitos humanos, repúdio à discriminação de qualquer tipo, acesso a condições de vida digna, respeito mútuo nas relações interpessoais, públicas e privadas;
> — Igualdade de direitos: refere-se à necessidade de garantir a todos a mesma dignidade e possibilidade de exercício de cidadania; para tanto, há que se considerar o princípio da equidade, isto é, que existem diferenças (étnicas, culturais, regionais, de gênero, etárias, religiosas

etc.) e desigualdades (socioeconômicas) que necessitam ser levadas em conta para que a igualdade seja efetivamente alcançada;

— Participação: como princípio democrático, traz a noção de cidadania ativa, isto é, da complementaridade entre a representação política tradicional e a participação popular no espaço público, compreendendo que não se trata de uma sociedade homogênea e sim marcada por diferenças de classe, étnicas, religiosas etc.;

— Corresponsabilidade pela vida social: implica partilhar com os poderes públicos e diferentes grupos sociais, organizados ou não, a responsabilidade pelos destinos da vida coletiva; é, nesse sentido, responsabilidade de todos a construção e a ampliação da democracia no Brasil.

A ética desportiva deve ser observada, podendo ser abordados o princípio básico e a regra 1.1 e 2 da parte 1 das regras de regata a vela, que são baseadas na ética. A postura ética do professor é fundamental, pois seus atos são frequentemente vistos como exemplo pelos alunos e definem a relação social que está se formando no curso, além da credibilidade do professor. O professor deve estar sempre acessível ao aluno, pois isso garante a comunicação com o aluno, tão desejada e importante para o desenvolvimento do curso. Esse profissional deve participar da realidade do aluno para obter confiança e identidade, podendo para isso fazer uso de gírias e expressões comuns para as crianças, além de oferecer atividades extracurriculares, como visita a uma marina, ou acompanhar por terra a tradicional regata da Escola Naval dentro desta instituição.

A saúde é outro elemento importante a ser trabalhado durante o curso, principalmente no que se refere aos cuidados com a pele, a hidratação, a vestimenta, a postura física dentro do barco e a preparação física para a atividade, como alongamento e aquecimento.

13. Aperfeiçoamento da prática de velejar

Muitas escolas de Vela utilizam a preparação para a competição como modelo de curso de Vela avançado. Acredito que esse modelo não deve ser usado, com exceção do curso que tem por objetivo principal gerar competidores. Tenho convicção de que um dos vários fatores que desestimulam o pequeno velejador é o modelo de competição atual, com carga horária de treino técnico e pouco divertido — uma competição atrás da outra e todas as competições técnicas e de grande responsabilidade, ou seja, parece que se quer que crianças de 7 a 14 anos sejam competidores olímpicos altamente treinados e responsáveis em seus treinamentos; ora, nem os velejadores de maior idade são assim! A criança está na fase em que a diversão é o objetivo principal de sua vida, e é assim que deve ser tratada. Deve-se apenas mostrar o caminho de uma diversão saudável e esportivamente correta.

Dessa forma, após o desenvolvimento básico do velejo em contravento, través e popa, deve-se passar ao curso avançado, com atividades teóricas e práticas que venham a aprimorar o domínio do barco e do ato de velejar. Tais atividades devem ser divertidas, podendo ter caráter competitivo ou cooperativo.

O objetivo do aperfeiçoamento é tornar o aluno um velejador autônomo e consciente de todos os aspectos que envolvem o esporte e a prática de navegação básica de um barco a vela. Para se alcançar essa meta, é importante que o aluno possa lidar com o barco em diversas condições de velejo, meteorologia e integridade do equipamento, além de conhecer meteorologia básica e condições de mar e vento, identificando as condições de segurança do velejo, ou seja, saber se poderá ou não sair para velejar e como se preparar para isso. O curso que atingir tal objetivo terá formado velejadores capacitados a competir ou passear em quaisquer condições.

Para que essa fase de aperfeiçoamento seja completa, deve-se realizar viagens e intercâmbio com outros velejadores e escolas de Vela. Acredito que quando as escolas de Vela se unirem e desenvolverem ações como essa, os cursos serão mais atraentes para os alunos e consequentemente mais eficientes.

Esse intercâmbio permitirá ao novo velejador conhecer outros lugares e formas de velejar. Em minha escola de Vela, por exemplo, quase não temos a influência de correntes de maré, e apesar de falarmos sobre isso não temos como demonstrá-la na prática; seria importante para meu aluno praticar em local com esse fator. Havendo uma parceria, eu poderia levar meus alunos para um fim de semana numa escola de Vela que tivesse tal condição e, utilizando o material local, possibilitar a eles essa vivência.

As atividades de aperfeiçoamento do controle de navegação do barco têm como principal objetivo preparar o aluno para o dia-a-dia do esporte, ou seja, torná-lo apto a resolver situações normais e emergenciais de uma velejada e reconhecer uma situação de risco, além de saber se colocar dentro da embarcação quando exigido por uma situação fora do normal.

No curso de aperfeiçoamento, deve-se, então, levar ao aluno o conhecimento específico do ato de velejar com capacidade de realizar as ações necessárias para cada situação que se apresente. A seguir, descreverei algumas atividades que podem ser desenvolvidas, adaptadas e/ou transformadas, ou ainda servir de inspiração inicial para criação de outras.

1. Homem ao mar

Objetivo: desenvolver o controle de parar o barco e se aproximar de um ponto móvel, sem colisão e pelo lado certo, e trabalhar o equilíbrio do aluno com o barco parado no mar;

Material necessário: boneco em tamanho natural de uma criança de cinco anos, com peso aproximado de 10 kg; esse boneco deve ser feito de material impermeável, como, por exemplo, uma lona leve, e material flutuante utilizado em salva-vidas, com pesos (sacos de areia ou chumbo de pesca) em partes das pernas e pés para que o boneco fique em posição inclinada den-

tro da água, como mostrado na Figura 66; coletes salva-vidas;
Local: área com espaço para navegação livre;
Atividade: o professor deverá solicitar que os alunos estejam em seus barcos velejando juntos, e quando o boneco for jogado na água, um dos velejadores, em uma ordem preestabelecida em terra, deverá resgatá-lo como se fosse uma criança de verdade, ou seja, com os cuidados necessários, como, por exemplo, se aproximar dele devagar, sem bater e em posição que permita levá-lo para bordo; em seguida esse velejador deverá colocar o boneco dentro do barco da forma correta e levá-lo velejando até o socorro, que nesse caso é o professor.

Figura 66

Em seguida o professor fará as considerações sobre a ação do aluno e jogará o boneco na água para que o próximo efetue o procedimento de resgate; essa atividade exigirá: controle de parar e reiniciar a velejada, controle de se aproximar de algo com cuidado e equilíbrio a bordo, para trazer o boneco sem virar o barco e sem deixar entrar água no Optimist.

2. Boia segura

Objetivo: desenvolver o controle do barco e sua aproximação de um objeto fixo no mar, sem colisão e pelo lado certo, e trabalhar o equilíbrio e o conhecimento das ações de atracar em

um ponto fixo no mar;
Material necessário: âncoras, boias e cabos com comprimento adequado à profundidade do local; coletes salva-vidas;
Local: área com espaço para navegação livre;
Atividade: essa atividade é inicialmente feita com um Optimist e o inflável do professor, que estará ancorado, para em seguida se iniciar a atividade com as boias; o professor fundeará as boias com uma boa distância entre si, e em seguida deverá solicitar aos alunos que estejam em seus barcos velejando juntos; após um sinal sonoro, um dos velejadores, em uma ordem preestabelecida em terra, deverá abordar a boia por barlavento e se segurar para ficar ancorado a ela; ao final do procedimento deverá ficar com o barco parado e segurando a boia pela proa do barco para que o mesmo fique de proa ao vento.

Durante toda essa ação o professor e os outros alunos deverão estar próximos e observando tudo. Em seguida, após considerações feitas sobre o ocorrido com o aluno, o professor efetuará dois sinais sonoros e outro velejador irá para outra boia e repetirá o procedimento, seguido, com três sinais sonoros, de outro aluno e assim por diante, como se pode observar na Figura 67.

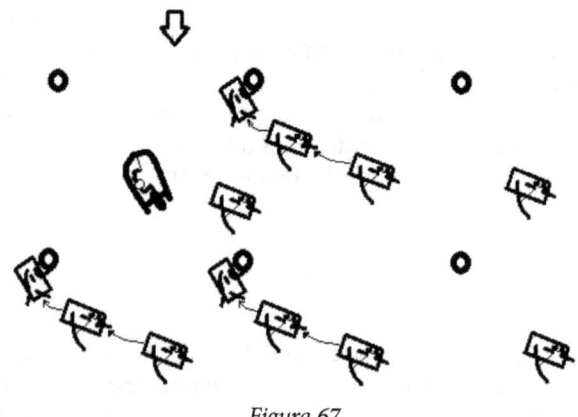

Figura 67

Essa atividade exigirá: controle de parar a velejada, controle de se aproximar de algo com cuidado e equilíbrio a bordo para segurar e estabilizar o barco, indo logo em seguida para a proa segurando a boia para aproar o barco.

3. Estacionamento náutico

Objetivo: desenvolver o domínio do barco e as forças que imperam sobre ele, com o conhecimento do uso de seus equipamentos;
Material necessário: barcos Optimist, âncoras, boias e cabos com comprimento adequado à profundidade do local; coletes salva-vidas;
Local: área com espaço para navegação livre;
Atividade: o aluno deverá chegar de través, controlando a velocidade do barco, até estar próximo de duas boias que estão fundeadas com distância de dois cascos de comprimento; em seguida, o aluno tem que fazer o barco entrar de lado entre as boias, levantando a bolina e forçando o mesmo a derivar lateralmente;

Essa atividade exigirá: inicialmente, força de vento entre 5 e 8 nós, além do controle de parar a velejada, controle de se aproximar de algo com cuidado e o domínio sobre o barco e seus equipamentos, como também do equilíbrio a bordo. Ver Figura 68.

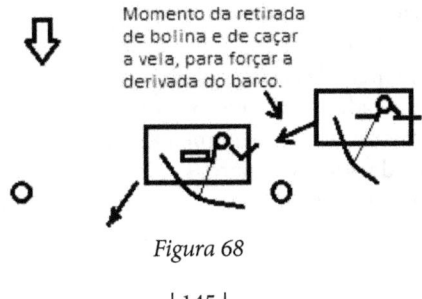

Figura 68

4. Rodopio 720° na boia

Objetivo: desenvolver o controle do barco e sua aproximação de um objeto fixo no mar, sem colisão;
Material necessário: barcos Optimist, âncoras, boias e cabos com comprimento adequado à profundidade do local;
Local: área com espaço para navegação livre;
Atividade: o aluno deverá se aproximar da boia fundeada pelo seu barlavento e proceder dois jaibes e duas cambadas, sem se distanciar demais da boia e sem tocá-la, como se pode observar na Figura 69.

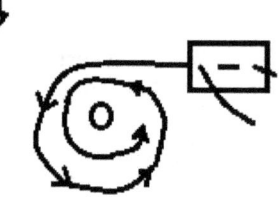

Figura 69

5. Handebol náutico

Objetivo: desenvolver o domínio do barco, sua navegação e as regras do Regulamento Internacional Para Evitar Abalroamentos No Mar — RIPEAM;
Material necessário: barcos Optimist, âncoras, boias, cabos com comprimento adequado à profundidade do local e uma bola de handebol de praia;
Local: área com espaço para navegação livre;
Atividade: o professor deverá montar um retângulo com medidas que permitam a navegação dos barcos que estarão na atividade; no meio das extremidades desse retângulo fixará duas boias de cada lado, formando os dois gols, com uma distância de quatro metros aproximadamente entre elas; serão formadas duas equipes de dois a três barcos, com quatro a seis alunos; cada barco deverá ter dois alunos, que terão o objetivo de fazer gol através da navegação de seu barco entre as duas boias; as equipes

terão que, obrigatoriamente, efetuar uma linha de passe, onde a bola deverá ser jogada entre seus barcos sem ser bloqueada pela equipe adversária, até que todos os barcos tenham recebido a bola uma ou duas vezes de acordo com o combinado previamente; caso a equipe adversária consiga bloquear a bola, esta passará a ser desta equipe, e se a bola sair pela lateral haverá a troca de posse; não é permitido o contato entre os barcos e as regras do RIPEAM devem ser obedecidas por todos.

O jogo será por tempo e na metade do tempo haverá troca de lado no campo, para oferecer chances iguais para as duas equipes. Ver Figura 70.

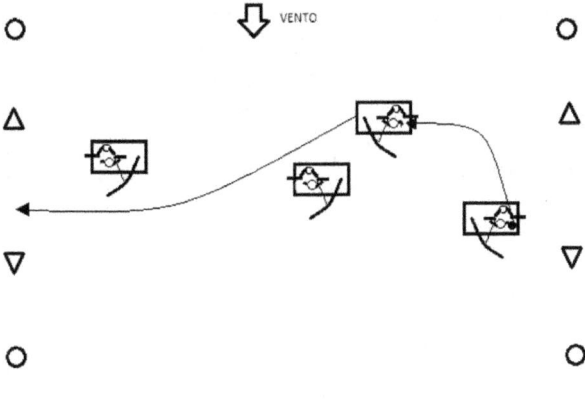

Figura 70

6. Sumô náutico

Objetivo: desenvolver o domínio do barco, sua navegação e as regras do RIPEAM e regras de regata da ISAF;

Material necessário: barcos Optimist, âncoras, boias e cabos com comprimento adequado à profundidade do local; co-

letes salva-vidas;
Local: área com espaço para navegação livre;
Atividade: o professor deverá montar um retângulo com medidas que permitam a navegação dos barcos que estarão na atividade; serão formadas as duplas de adversários e a ordem de confronto; o objetivo do confronto entre os adversários é tirar um dos barcos de dentro do quadrado, como no sumô, onde o atleta empurra o adversário para fora do ringue circular, chamado de dohyō; as regras de regata da ISAF e o RIPEAM devem ser seguidos, e caso haja infração, será concedida a vitória ao jogador que a sofreu; através das regras citadas os jogadores deverão forçar o adversário a passar pela linha do quadrado delimitado pelas boias, sem haver toque entre os barcos. Ver Figura 71.

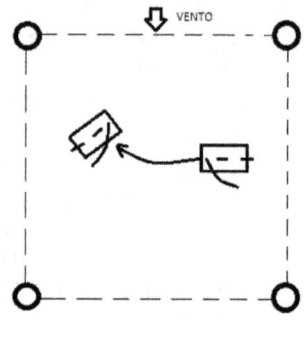

Figura 71

7. Funil náutico

Objetivo: desenvolver o domínio do barco e sua navegação entre balizas;
Material necessário: barcos Optimist, âncoras, boias e cabos com comprimento adequado à profundidade do local; coletes salva-vidas;
Local: área com espaço para navegação livre;
Atividade: o professor deverá montar um funil, com as boias, que irão diminuindo a distância entre si, ou seja, a largura do funil, até ficar com a largura de dois barcos Optimist; os alunos deverão passar entre as boias sem tocá-las até o final. Ver Figura 72.

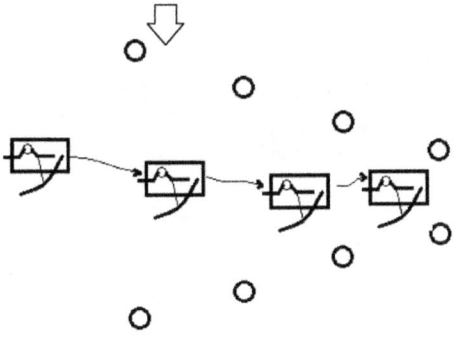

Figura 72

8. Corredor da morte

Objetivo: desenvolver o domínio do barco e sua navegação entre balizas;
Material necessário: barcos Optimist, âncoras, boias, cabos para as boias com comprimento adequado à profundidade do local e cabos flutuantes para unir as boias; coletes salva-vidas;
Local: área com espaço para navegação livre;
Atividade: o professor deverá montar um corredor com curvas fundeando as boias que estarão unidas umas às outras; a largura entre os dois lados do corredor poderá ser maior e depois ir diminuindo até o tamanho de duas larguras de barco; os alunos devem seguir dentro do corredor sem tocar nas boias ou cabos que as unem; o aluno que tocar as marcas do corredor com qualquer parte do barco e seus equipamentos, será considerado morto e com isso fora do jogo.

Para ir aumentando a dificuldade do jogo e eliminando os competidores, o professor deverá tornar o corredor mais longo e depois mais estreito. Ver Figura 73.

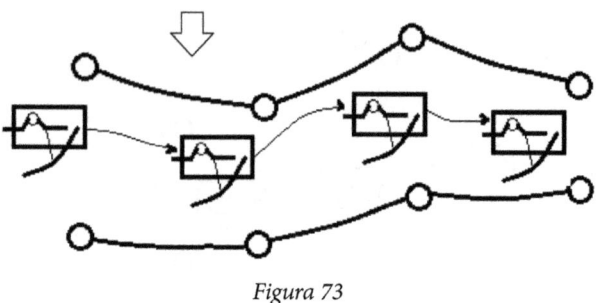

Figura 73

9. Slalom de popa

Objetivo: desenvolver o domínio do barco, sua navegação entre balizas e da manobra do jaibe em espaço curto de tempo;

Material necessário: barcos Optimist, âncoras, boias e cabos com comprimento adequado à profundidade do local; coletes salva-vidas;

Local: área com espaço para navegação livre;

Atividade: o professor deverá montar uma sequência de boias uma atrás das outras com uma leve separação em relação ao eixo do vento de popa, ou seja, do rumo médio do vento; os alunos deverão seguir fazendo um *slalom* entre as boias e procedendo assim às manobras de jaibe, sem tocar nas boias ou errar o percurso, passando de alguma boia. Ver Figura 74.

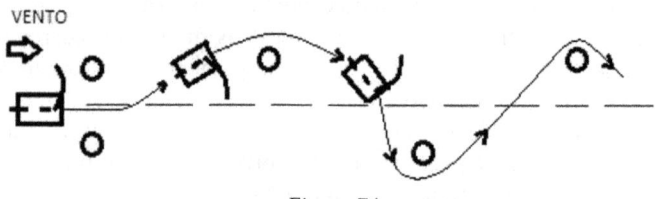

Figura 74

10. Algemados

Objetivo: desenvolver o domínio do barco, sua navegação entre balizas, manobra do jaibe e da cambada, liderança e trabalho em equipe;
Material necessário: barcos Optimist, âncoras, boias e cabos com comprimento adequado à profundidade do local; coletes salva-vidas;
Local: área com espaço para navegação livre;
Atividade: o professor deverá montar um percurso triangular; serão separadas equipes de dois barcos com um aluno em cada; o professor então irá unir os cabos de reboque dos barcos com um nó de marinharia, "algemando" um barco ao outro; os alunos com seus barcos algemados deverão executar o percurso.

Essa atividade pode ter sua dificuldade aumentada com o aumento de voltas ou sua execução no formato de regata, entre equipes de dois barcos. Ver Figura 75.

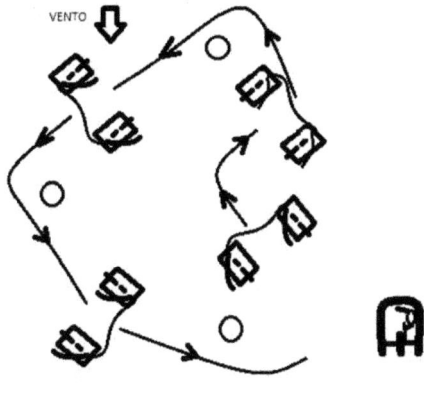

Figura 75

As atividades acima fazem parte de uma lista de atividades desenvolvidas e adaptadas a partir de outras que o professor de Educação Física já desenvolve com esportes tradicionais, além de algumas desenvolvidas para alcançar os objetivos específicos do esporte a vela. O ensino lúdico é o caminho mais curto para se obter alunos bem preparados e com amor pelo esporte, permitindo a formação de velejadores de lazer e de competição.

Considerações finais

Este livro não tem a intenção, como já foi dito, de ser uma receita de bolo, pois o esporte a Vela pode ser praticado em uma grande quantidade de lugares nos quais as condições climáticas e estruturais podem ser bem diversas. Meu desejo, ao escrevê-lo, foi lançar uma metodologia e não um método, ou seja, o que deve ser extraído destas linhas é sua essência, a forma de ser e agir. Espero que o leitor tenha percebido que dar aula de Vela pode e deve ir muito além da simples instrução técnica do esporte.

É importante que se tenha percebido que os alunos são seres biológicos distintos, que carregam consigo suas habilidades e inabilidades, seus medos e sua coragem, suas atitudes, certas e erradas, enfim, os alunos são seres humanos e devem ser tratados como um todo, onde o físico e o emocional estão interligados e são dependentes um do outro.

Lembro ainda que estamos dentro de uma sociedade e que nossas ações e de nossos alunos influenciam diretamente os laços sociais que mantemos, a isso o professor deve devotar enorme cuidado e tato. Deve, sempre que possível, trabalhar o companheirismo, a ética e a moral, como também o trabalho em equipe, visando gerar boas atitudes em particular e no grupo.

A mensagem final que quero transmitir é: dar aula de Vela passa pelo ato de educar, e este ato deve ser considerado com muita responsabilidade, sendo o professor um facilitador da transformação social. A escola de Vela que tenha o pensamento de formar velejadores realizará um curso voltado para as necessidades dos alunos, da sociedade e do esporte em particular, gerando, assim, alunos preparados, verdadeiros velejadores conscientes, autônomos e cidadãos.

Referencias Bibliográficas

BAADER, J. *El Deporte de la Vela*. Buenos Aires: Náutica Baader, 1960.

BARROS, G. M. de. *Velejando dos 8 aos 80*. Rio de Janeiro: Catedral das Letras, 2005.

_____. *Navegar é Fácil*. Rio de Janeiro: Catedral das Letras, 2006.

BOURDEAUX, P. M. *La Vela*. Barcelona: Editorial Juventud, 1967.

CURRY, M. *Tácticas de Regatas* Barcelona: Editorial Juventud, 1976.

DOLLE, J. *Para Compreender Jean Piaget - Uma Iniciação à Psicologia Genética Piagetiana*. Rio de Janeiro: Zahar Editores, 1978.

FERNANDES, R. de M. Esporte a Vela e a Educação Física. In: *Revista Digital EFDeportes*, 2006. Recuperado em 12 agosto, 2009, de http://www.efdeportes.com/efd102/velaef.htm.

FERREIRA, C. A. **A**valiação *formativa: conceptualização e orientações para a prática*. Série didáctica, Ciências sociais e humanas, v. 51. Vila Real: UTAD, 2004.

FREIRE, P. *Pedagogia do Oprimido*. São Paulo: Paz e Terra, 1987.

_____. *Pedagogia da autonomia: saberes necessários à pratica educativa*. São Paulo: Paz e Terra, 2010.

FREITAS, M. T. de A. *Vygotsky e Bakhtin - Psicologia e Educação: um intertexto*. São Paulo: Editora Ática, 2003.

GADOTTI, M. *Pedagogia da Práxis*. São Paulo: Cortez, 2004.

_____. (2006). *Histórias das Ideias Pedagógicas*. São Paulo: Editora Ática, 2006.

GAGNÉ, R. M. *Como se Realiza a Aprendizagem*. Rio de Janeiro: Livros Técnicos e Científicos Editora, 1980.

GALLO, S. *Ética e Cidadania - Caminhos da Filosofia*. São Paulo: Papirus Editora, 2003.

GONÇALVES, E. R. *A Pedagogia do Encantamento: Novo Paradigma da Educação para o século XXI*. Campos dos Goytacazes: Instituto Brasileiro de Educação e Cultura, 2008.

HAETINGER, M. G.; HAETINGER, D. *Jogos, recreação e lazer*. Curitiba: IESDE Brasil S.A., 2008.

HANH, T. N. *Jesus e Buda Irmãos*. São Paulo: Bertrand Brasil, 2005.

KUNZ, E. *Didática da Educação Física*. Ijuí: Unijui, 2004.

LIBÂNEO, J. C. *Didática*. São Paulo: Cortez, 1994.

LEI n. 9.394, de 20 de dezembro de 1996 *Diretrizes e bases da educação nacional*. Recuperado em 20 setembro, 2009 de http://www.planalto.gov.br/ccivil_03/LEIS/l9394.htm.

LÜCK, H. *Pedagogia interdisciplinar: Fundamentos teórico-metodológicos*. Petrópolis: Editora Vozes, 2007.

LUCKESI, C. C. *Perguntas e respostas — questão 11 — Faz sentido, no contexto da avaliação, servi-nos do termo "avaliação somativa"*. Recuperado em 23 Setembro, 2009 de http://www.luckesi.com.br/pergunda_e_respostas_questao_11.htm.

FIEP Manifesto. Paris: Fédération Internacionale d'Education Physique, 2000.

MEC Brasil. *Parâmetros curriculares nacionais: apresentação dos temas transversais, ética / Secretaria de Educação Fundamental*. Brasília: MEC/SEF, 1997.

MIRAS, N.; SOLÉ, I. *La Evaluación del Aprendizaje y la Evaluación en el proceso de ensenãnza e aprendizage. Desarollo psicológico y educacion II. Psicologia de La Educacion*. Madrid: Alianza, 1992.

ONU - Organização das Nações Unidas. *Carta Internacional da Educação Física e Desportos: 20ª Reunião da Conferência Geral da Organização das Nações Unidas para a Educação, a*

Ciência e a Cultura. Paris, 1978.

PIAGET, J. *Psicologia e Pedagogia* Rio de Janeiro: Editora Forense, 1988.

_____. *Abstração Reflexonante: Relações Lógico-aritméticas e Ordem das Relações Especiais*. Porto Alegre: Artes Médicas, 1995.

_____.; GRÉCO, P. *Aprendizagem e Conhecimento*. Rio de Janeiro: Freitas Bastos, 1974.

PCN Brasil. *Parâmetros Curriculares Nacionais*, v.7. Brasília: DP&A, 2.ed., 2000.

PEREIRA, R. *Os Vikings da Vela*. 2009. Recuperado em 29 julho, 2011 de http://revistaepoca.globo.com/Revista/Epoca/0,,EMI56649-15228,00-OS+VIKINGS+DA+VELA.html.

ROCHA, L. M. S. do V. *Tomada de decisão dinâmica na largada em regatas à Vela: abordagem ecológica de perícia*. Dissertação de mestrado. Lisboa: Universidade Técnica de Lisboa, 2007.

SCHMIDT, J. G. *Aprenda a velejar*. Rio de Janeiro: Ediouro, 1979.

SKINNER, B. F. *Tecnologia do Ensino*. São Paulo: Editora da USP, 1972.

SOBRAL, F. *Introdução à Educação Física*. Lisboa: Livros Horizonte, 1985.

SVENSSON, S. *La Vela*. Recuperado em 29 julho, 2011 de http://www.histarmar.com.ar/nomenclatura/LaVela/00LaVelaHist.htm.

TOJAL, J. B.; COSTA, L. P. da; BERESFORD, H. *Ética Profissional na Educação Física*. Rio de Janeiro: Editora Shape, 2004.

TUBINO, J. G. *Dimensões Sociais do Esporte*. São Paulo: Cortez, 2001.

_____; MOREIRA, S. B. *Metodologia Científica do Treinamento.Desportivo*. Rio de Janeiro: Shape, 2003.

Esta obra foi composta em Minion 11/13,1.
Impressa com miolo em off set 75g e capa em cartão
250g, por Createspace/ Amazon.

www.ingramcontent.com/pod-product-compliance
Lightning Source LLC
Chambersburg PA
CBHW061655040426
42446CB00010B/1744